W0087444

Mosaik bei
GOLDMANN

Buch

Trennkost ist eine der populärsten Methoden, Gewicht zu verlieren und gleichzeitig das Wohlbefinden zu steigern. Die bekannte Trennkost-Expertin Ursula Summ wendet sich in diesem Buch an all jene, die sich zum ersten Mal mit dieser Form der Ernährung befassen. Der Leser erfährt alles Wissenswerte zum Thema Trennkost und Gewichtsreduzierung. Ernährungspläne und Mahlzeitenkombinationen machen die Umstellung auf die neue Ernährungsweise zum Kinderspiel. Der Rezeptteil enthält sowohl einfache wie raffinierte Gerichte zum Abnehmen und Genießen, dazu Tagespläne für drei Wochen.

Autorin

Ursula Summ ist die bekannteste Trennkost-Expertin Deutschlands. Ihre erfolgreichen Bücher zum Thema Trennkost wurden bereits über drei Millionen Mal verkauft.

Von Ursula Summ außerdem bei Mosaik bei Goldmann:
Die aktuelle Trennkosttabelle (16586)

Ursula Summ

Die Summ-Trennkost

Erfolgsrezepte für Einsteiger

Mosaik bei
GOLDMANN

Mix
Produktgruppe aus vorbildlich
bewirtschafteten Wäldern und
anderen kontrollierten Herkünften

Zert.-Nr. SGS-COC-1940
www.fsc.org
© 1996 Forest Stewardship Council

Verlagsgruppe Random House FSC-DEU-0100
Das für dieses Buch verwendete FSC-zertifizierte Papier *Munken Print*
liefert Arctic Paper Munkedals AB, Schweden.

5. Auflage
Originalausgabe November 2002
© 2002 Wilhelm Goldmann Verlag, München,
in der Verlagsgruppe Random House GmbH
Umschlaggestaltung: Design Team München
Umschlagfoto: Guido Pretzl
Redaktion: Marlein Auge
Satz: Barbara Rabus
Druck und Bindung: GGP Media GmbH, Pößneck
Kö · Herstellung: Max Widmaier
Printed in Germany
ISBN 978-3-442-16486-8

www.mosaik-goldmann.de

INHALT

VORWORT

Wie oft schon bekam ich diese Fragen gestellt: »Wie beginne ich mit der Trennkost? Welches Buch ist für mich als Anfänger das richtige? Gibt es die Trennkost auch weniger kompliziert? Warum gibt es so viele verschiedene Arten von Trennkost?

Alles berechtigte Fragen, und ich muss zugeben, dem Einsteiger wird es auf diesem Gebiet nicht gerade leicht gemacht. Die Vielzahl der angebotenen Bücher und die unterschiedlichsten Darstellungen darin stiften allerhand Verwirrung. Sich im Dschungel der verschiedenen Trennkostarten auszukennen ist nicht einfach und bedarf gewisser Grundkenntnisse.

Um hier endlich Klarheit zu schaffen, und um Ihnen, als Trennkost-Neuling, den Einstieg in diese neue Ernährungsweise zu erleichtern, habe ich dieses Buch leicht verständlich und übersichtlich verfasst. Dadurch werden Sie sehr schnell die Grundlagen der Trennkost verstehen. Später, wenn Sie damit besser vertraut sind, können Sie experimentierfreudiger werden und verschiedene Trennkostarten, wie sie von anderen Autoren vertreten werden, selber ausprobieren. Auf diese Weise finden Sie für sich selbst Ihr bestes Ernährungskonzept.

Ich selbst vertrete das Prinzip der original Hay'schen Trennkost und habe aufgrund meiner Beobachtungen und Testversuchen an mehreren tausend Menschen die alte Lehre des Dr. Howard Hay verfeinert und auf den heutigen Stand gebracht. Schwer übergewichtig und krank, suchte ich in den siebziger Jahren die ideale Lösung, um mein Gewicht zu reduzieren. Ich hatte schon sämtliche Diäten ausprobiert, wobei mein armer Körper immer dicker und kränker wurde. Dann endlich stieß ich 1979 auf die Lehren der Hay'schen Trennkost. Leider gab es zur damaligen Zeit nur sehr wenige Informationen über diese Ernährungsform, und so blieb mir keine andere Wahl, als zu meinem eigenen Versuchskaninchen zu werden. Glücklicherweise hatte ich Dr. Ludwig Walb (Entdecker der Hay'schen Trennkost) an meiner Seite, der mir die Zusammenhänge ausführlich erklärte.

Mit der Trennkost konnte ich schließlich mein extremes Übergewicht in normale Bahnen lenken und durfte zusätzlich erleben, wie meine Krankheiten völlig ausheilten. Fortan litt ich weder an Gicht noch an Rheuma, meine Kopfschmerzen verschwanden, ebenso die offene Hautallergie an den Händen und im Gesicht. Auch hatte ich keine Probleme mehr mit meiner Verdauung, und meine entzündete Bauchspeicheldrüse beruhigte sich zusehends.

Sehr schnell wurde mir klar, welchen Schatz ich in meinen Händen trug, und ging damit an die Öffentlichkeit. Elf Jahre lang leitete ich daraufhin Kurse für Übergewichtige und konnte während dieser Zeit mehrere tausend Menschen beobachten. Anschließend gründete ich meinen Trennkost-Club, der nicht nur in Deutschland auf reges Interesse stößt, sondern auch in Österreich und in der Schweiz.

Aus diesen Beobachtungen und Experimenten heraus stammt heute mein reicher Erfahrungsschatz, den ich mit den Ratschlägen und Rezepten in diesem Buch gerne an Sie weitergebe. Ich wünsche Ihnen viel Freude beim Einstieg in die Trennkost.

Herzlichst
Ihre Ursula Summ

EINLEITUNG

Grundlagen der Trennkost

Was ist Trennkost?

Obwohl das Wort »Trennkost« inzwischen zu einem bekannten Begriff geworden ist, wissen trotzdem sehr viele Menschen immer noch nicht, was sich wirklich hinter dieser Ernährungsweise verbirgt und wie sie funktioniert. Eine Umfrage hat ergeben, dass fast jeder Befragte glaubte, Trennkost wäre nur etwas für Übergewichtige zur Gewichtsabnahme.

Falsch! Trennkost ist supergesund und gibt enorme Power! Trennkost wird heute von vielen Ärzten und Heilpraktikern erfolgreich für den Genesungsprozess eingesetzt. Trennkost wirkt wie ein Jungbrunnen und wird daher auch in Fitness-Studios, Kosmetiksalons und Schönheitsfarmen angeboten.

Bei der Trennkost essen Sie weiterhin das, was Sie immer gegessen haben, nur in einer anderen Reihenfolge. Es kommt hier besonders auf eine harmonische Zusammenstellung der einzelnen Nahrungsmittel an. Darum ist die Original Haysche Trennkost auch keine Diät, sondern ein Ernährungskonzept, das ein Leben lang beibehalten werden kann, ohne dass Mangelerscheinungen auftreten. Der Grundgedanke der Trennkost ist, den Körper zu reinigen, zu entgiften und das Gleichgewicht zwischen Körper, Geist und Seele wiederherzustellen, welches durch falsche Essgewohnheiten und andere Umwelteinflüsse verloren ging.

Die angenehmen Begleiterscheinungen der Trennkost sind:

▶ Man fühlt sich energiegeladener.
▶ Heißhungerattacken treten nicht auf.
▶ Übergewichtige nehmen ab.
▶ Untergewichtige nehmen zu.

Diese positiven Begleiterscheinungen werden durch die Entlastung der Verdauungsorgane und durch einen besser funktionierenden Stoffwechsel bewirkt. Das Hauptmerkmal dieser Kost ist das Trennen zwischen eiweißreicher und kohlenhydratreicher Kost (siehe Trennungsplan S. 19) Denn nach den Erkenntnissen vieler Ernährungsforscher und des Erfinders der Trennkost, Dr. Howard Hay, wird die Phase der Verdauung stark behindert, wenn gleichzeitig größere Mengen an Eiweiß und Kohlenhydrate innerhalb einer Mahlzeit gegessen werden.

Die Folgen einer ungünstig zusammengestellten Nahrung können sein: Sodbrennen, Blähungen, schlechte Verdauung, Übergewicht, Stoffwechselstörungen oder andere schwerwiegende Krankheiten. Insbesondere die bleierne Müdigkeit macht vielen Menschen nach dem Essen zu schaffen. Trennt man dagegen innerhalb einer Mahlzeit die Eiweiße von den Kohlenhydraten, werden die Verdauungsorgane spürbar entlastet. Selbst nach einer reichhaltigen Mahlzeit fühlt man sich energiegeladen, und von der Müdigkeit fehlt jegliche Spur. Auch tritt kurze Zeit nach der Umstellung auf Trennkost kein saures Aufstoßen mehr auf; gleichzeitig setzt eine langsame Entgiftung ein.

Die Funktion des Verdauungssystems

Um die ganzheitliche Wirkung der Trennkost zu begreifen, ist es besonders wichtig, die Funktionen des gesamten Verdauungsapparates zu verstehen. Die erste Phase der Verdauung beginnt bereits mit dem Gedanken an eine Speise, denn dieser regt zum Beispiel den Speichelfluss stark an – das Wasser läuft uns im Mund zusammen.

Der Mund und Magen

Ist der erste Happen im Mund, wird die Nahrung durch Kauen zerkleinert. Durch die Einwirkung des Enzyms Amylase im Speichel werden die Kohlenhydrate schon jetzt vorverdaut. Eiweiße hingegen werden im Mund noch nicht aufgespalten, da die dafür benötigten sauren Verdauungssäfte fehlen. Diese werden erst im Magen durch das Verdauungsenzym Pepsin und durch Salzsäure bereitgestellt.

Werden nun während einer Mahlzeit gleichzeitig reichlich Eiweiß und Kohlenhydrate gegessen, verstößt man gegen wichtige Verdauungsgesetze. Die Kohlenhydrate können nicht ausreichend aufgespalten werden, da der Verzehr von Eiweiß die Produktion von Salzsäure und Pepsin im Magen in Gang gesetzt hat. Diese Säfte behindern die Wirkung der Amylase aus dem Speichel.

Isst man hingegen nur Kohlenhydrate, entstehen nur wenig saure Säfte im Magen, und die Wirkung der Amylase bleibt besser erhalten.

Die Bauchspeicheldrüse

Im Verdauungssystem übernimmt die Bauchspeicheldrüse (Pankreas) zwei wichtige Aufgabenbereiche: Zum einen werden in ihr die Hormone Insulin und Glukagon produziert, die bei Bedarf ins Blut abgegeben werden, um den Blutzuckerspiegel zu regulieren. Zum anderen werden auch die Verdauungsenzyme Trypsin und Chymotrypsin (eiweißspaltende Enzyme) sowie Amylase (kohlenhydratspaltendes Enzym) und Lipase (fettspaltendes Enzym) in ihr gebildet.

Diese Enzyme werden in den Dünndarm abgegeben und zerlegen dort die bereits im Mund und Magen vorverdauten Nährstoffe vollständig. Nur wenn die Bauchspeicheldrüse nicht überfordert wird, können die komplizierten Verdauungsvorgänge reibungslos ablaufen. Werden beispielsweise Nahrungsmittel immer falsch kombiniert und in zu großen Mengen verzehrt, kann es durch die Überbelastung der Bauchspeicheldrüse zu einer verzögerten und nicht ausreichenden Verdauung kommen. Liegen die unvollständig verdauten Nahrungsbestandteile zu lange im Darm, können sich unangenehm blähende Gase und Fäulnisgifte bilden.

Der Dünndarm und die Leber

Die Oberfläche der Dünndarmschleimhaut ist von vielen Millionen winziger Zotten übersät. Diese haben die Aufgabe, die zerlegten Nahrungsbestandteile sowie Vitamine, Mineralstoffe, Enzyme und Spurenelemente aufzunehmen und zur Leber zu transportieren. Die Darmzotten sind nicht in der Lage, zwischen guten und verfaulten Stoffen zu unterscheiden, sondern nehmen alles gleichermaßen auf. Die Leber muss nun entgiftend wirken. Sie baut anschließend all diese Stoffe um, zersetzt sie, speichert sie oder leitet sie an bestimmte Organe oder Zellen weiter. Folglich ist sie das zentrale Organ für die Versorgung unseres Körpers. Ungünstig zusammengestellte Nahrung belastet demnach nicht nur unser Verdauungssystem, sondern unter anderem auch so wichtige Organe wie die Leber.

Trennen schont Magen und Darm

Wie zuvor beschrieben, werden alle Speisen, die wir essen, auf unterschiedliche Art verdaut. Zur Verdauung eines Stücks Fleisch wird ein anderer Verdauungssaft benötigt als für Kartoffeln. Zur Aufspaltung und Verdauung von Fleisch, Fisch, Käse, Eiern und auch verschiedener Früchte werden saure Verdauungssäfte benötigt. Dagegen erfordern Kartoffeln, Reis, Nudeln und Brot basische Verdauungssäfte.

Dies ist der Grund, warum Dr. Howard Hay, Erfinder der Trennkost, die Nahrungsmittel in verschiedene Gruppen einteilte und somit einen Trennungsplan für die Nahrungsmittel entwickelte. Neben der Eiweiß- und der Kohlenhydratgruppe

---

Wie funktioniert die Trennkost?

Hauptmerkmal der Trennkost ist, wie der Name schon sagt, eine Trennung zwischen den überwiegend eiweißhaltigen und den überwiegend kohlenhydrathaltigen Nahrungsmitteln. Eine hundertprozentige Trennung ist natürlich nicht möglich, sondern nur eine Trennung der Extreme. Sinn und Zweck dieser Trennung ist, die Verdauungsorgane bei der täglichen Nahrungszerlegung nicht zu überfordern, sondern sie zu schonen.

Ein weiterer sehr wichtiger Punkt der Trennkost ist das Beachten des Säure-Basen-Gleichgewichtes. Nach Dr. Hay gehören eiweißreiche Nahrungsmittel (Fleisch, Wurst, Fisch, Käse und Eier), aber auch verschiedene Kohlenhydrate (Zucker, geschältes Getreide und polierter Reis) zu den Säurebildnern. Gemüse, Salate, Keimlinge und Obst, um nur einige zu nennen, zählte Dr. Hay zu den Basenbildnern.

13

gibt es eine dritte Gruppe, die neutralen Nahrungsmittel. Da diese Speisen weder die Eiweiß- noch die Kohlenhydratverdauung stören, dürfen sie sowohl mit eiweiß- als auch mit kohlenhydratreicher Nahrung zusammen verzehrt werden.

Zu den neutralen Nahrungsmitteln gehören unter anderem gesäuerte Milchprodukte, Gemüse und Salate.

Wie kommt es zur Säurebildung?

Um diesen Zusammenhang besser zu verstehen, ist es sinnvoll, den eigenen Körper einmal als eine kleine, biochemische Fabrik zu betrachten. Dieses geschlossene System, mit seinen unzählbaren bewussten und unbewussten Funktionen, gleicht einem Wunderbauwerk mit ungeheuren Energien. Um diese Energien, zum Beispiel für Wachstum und Bewegung, Zellerneuerung, Körperwärme, Gedanken und Gefühle, täglich neu entwickeln zu können, benötigt der Körper den geeigneten Brennstoff. Und dieser Brennstoff ist die Nahrung. Es sind neben Vitaminen und Mineralstoffen hauptsächlich Eiweiße, Kohlenhydrate und Fette, die – in kleinste Teile aufgeschlossen – dem Körper diese geeigneten Brennstoffe und Bausteine liefern.

So wertvoll die Nährstoffe für einen reibungslosen Ablauf unserer Körperfunktionen auch sein mögen, es bleiben nach ihrer Aufspaltung und Verstoffwechselung auch saure Abfallstoffe in unserem Blut zurück. Bei den eiweißreichen Nahrungsmitteln (Fleisch, Fisch, Käse, Eier, Wurst) sind dies vor allem die Harn- und die Milchsäure. Auch die Stoffwechselprodukte einiger kohlenhydratreicher Nahrungsmittel (Zucker, polierter Reis, geschältes Getreide) tragen mit Kohlensäure und stickstoffhaltigen Abfallstoffen zur Säurebildung bei. Die tierischen Fette in Wurstwaren, aber auch die Trans-Fettsäuren, die im Herstellungsprozess von minderwertigen Margarinesorten oder Plattenfetten entstehen, führen zur Bildung von Abfallstoffen. Gehärtete Fette, die häufig in Fast Food-Gerichten, in Gebäck oder in Speiseeis verarbeitet werden, schaden ebenfalls dem Körper. Je mehr wir also von diesen industriell hergestellten Nahrungsmitteln essen, umso höher sind die belastenden Rückstände in unserem Organismus.

Doch nicht nur Eiweiße, Kohlenhydrate und Fette hinterlassen saure Rückstände im Körper. Auch Kaffee, schwarzer Tee, Kakao, Alkohol, Nikotin und teilweise auch Medikamente lassen den Gehalt an Säure in unserem Blut ebenso ansteigen wie Stress, Ärger, Streit oder Aggressionen. Sogar ein Schreck oder eine unvorhersehbare Freude können den Säurewert in Sekundenschnelle in die Höhe treiben.

Zum Glück verfügt unser Organismus über ein gut funktionierendes Puffersystem. Diese giftigen Substanzen werden zum Teil über Nieren, Darm, Haut und Lungen wieder ausgeschieden. Doch eine unaufhörliche Überflutung mit sauren Rückständen kann auch der Gesündeste auf Dauer nicht verkraften.

Signale für eine Übersäuerung

Erstes Anzeichen einer starken Übersäuerung kann eine bleierne Müdigkeit sein. Mit den Jahren bemerkt man dann ein langsames Nachlassen der Konzentration, hinzu kommen häufig Kopfschmerzen, Verspannungen der Muskulatur, Gicht oder Rheuma, Bandscheibenbeschwerden, Arthrosen, Herz-Kreislauf-Störungen oder ähnliche Beschwerden. Ein junger, gesunder Körper hat noch reichlich Platz, diese überschüssigen Säuren einzulagern. Er transportiert sie dorthin, wo sie am wenigsten stören: ins Bindegewebe, in die Zellen, an Gefäß-

15

wände, in die Augen, in die Gelenke, in die Muskulatur, Sehnen und Bänder sowie in und unter die Haut.

Da dieser Prozess der Selbstvergiftung so langsam vonstatten geht, wird er meistens wenig beachtet. In der Tat lässt sich unser Körper auch lange Zeit nichts anmerken, doch mit zunehmendem Alter kann eine Übersäuerung zu den bekannten Zivilisationskrankheiten führen.

Übrigens, nicht nur ein übergewichtiger Körper kann unter diesen Symptomen leiden, auch ein schlanker Körper kann total übersäuert sein.

Mit Basen die Übersäuerung ausgleichen

Basen, auch Laugen genannt, sind die Gegenspieler der Säuren. Sie haben eine alkalisierende und ausgleichende Wirkung den Säuren gegenüber. Gemüse, Salat, Obst, Keimlinge, Mandeln, Kerne, Samen und junge Kartoffeln zählen zu den Basenbildnern und haben daher einen positiven Einfluss auf unseren Säure-Basen-Haushalt.

Da laut Dr. Howard Hay unser Körper zu 20 % aus säurebildenden und zu 80 % aus basenbildenden Elementen besteht, sollte auch unsere Ernährung diesem Verhältnis entsprechen. Das heißt, dass die täglichen Mahlzeiten zu 20 % aus säurebildenden und zu 80 % aus basenbildenden Nahrungsmitteln bestehen sollen. Mit dieser ausgewogenen Ernährung kann das Gleichgewicht zwischen den Säuren und den Basen aufrechterhalten werden.

Die drei Lebensmittelgruppen

Welche Nahrungsmittelgruppen müssen getrennt, und welche können gemeinsam eingenommen werden? Stark eiweißhaltige und stark kohlenhydrathaltige Nahrungsmittel sollten nach Möglichkeit immer getrennt gegessen werden. Die neutralen Nahrungsmittel dürfen nach Belieben mit Nahrungsmitteln aus der Eiweiß- und der Kohlenhydratgruppe gemischt werden.

Neutral bedeutet nicht, dass diese Nahrungsmittel kalorienarm sind, sondern dass diese Nahrungsmittel den Verdauungsprozess der Eiweiße oder der Kohlenhydrate nicht behindern. Sie harmonieren mit allen Lebensmitteln und dürfen daher sowohl mit eiweißreichen als auch mit kohlenhydratreichen zusammen verzehrt werden. Möglicherweise empfinden Sie diese Zuordnung der einzelnen Lebensmittel als widersprüchlich, sie beruht aber auf langjährigen Erfahrungen. So sind zum Beispiel gesäuerte Milchprodukte eiweißreich, gelten aber dennoch als neutral, da das Eiweiß durch die Säuerung verändert wurde und so leichter verdaulich ist. Rohes Fleisch und roher Fisch sind ebenfalls eiweißreiche Lebensmittel. Sie gehören aber zur neutralen Gruppe, weil ihre Zellstrukturen noch so sind, wie die Natur sie gebildet hat. Durch Erhitzen werden die Zellstrukturen verändert, und das Eiweiß ist dann schwerer verdaulich. Dennoch sollten Sie rohes Fleisch und rohen Fisch nur in Maßen verzehren, da sie nicht zu den empfehlenswerten Lebensmitteln zählen (siehe Trennungsplan S. 19).

Zu den neutralen Lebensmitteln gehören nach der Trennkostlehre alle Fette, naturbelassene Öle und Butter sowie alle sehr fettreichen Lebensmittel wie Sahne, vollfetter Käse ab 60 % Fett i. Tr., geräucherter Fisch und rohe Wurstwaren. Das hat folgenden Grund: Fett wird nicht im Magen, sondern erst im oberen Teil des Dünndarms verdaut. Somit stört es den vorangegangenen Verdauungsprozess nicht. Obwohl diese Fette und fettreichen Nahrungsmittel unsere Verdauung nicht ungünstig beeinflussen, sollten Sie sie dennoch nur in kleinen Mengen verzehren.

Einige Lebensmittel, auch neutrale, sind mit Vorsicht zu genießen. Zu diesen zählen Fleisch, Wurst und Schinken, aber auch Geräuchertes und Gepökeltes. Auch wenn Sie solche Nahrungsmittel im anschließenden Trennungsplan (siehe S. 19) finden, dürfen Sie dies keinesfalls als Aufforderung zu reichlichem Verzehr verstehen. Ich möchte Ihnen nur zeigen, zu welcher Gruppe bestimmte Nahrungsmittel gehören. Schließlich können Sie selbst entscheiden, was Sie essen möchten.

Die Trennkost in der Praxis

Der Trennungsplan
Hier sehen Sie, welche Lebensmittel in welche Gruppe gehören. Damit ist der erste Schritt für die richtige Trennkost gemacht.

Eiweißgruppe

▶ **Gegarte Fleischsorten**
— vom Rind: z. B. Bratenfleisch, Rouladen, Gulaschfleisch, Steaks, Hackfleisch und Geschnetzeltes
— vom Kalb: z. B. Schnitzel und Bratenfleisch
— vom Lamm: z. B. Koteletts, Keule und Rücken
— Schweinefleisch zählt auch in die Eiweißgruppe. Sein Verzehr wird aber nicht empfohlen.
▶ **Gegarte Geflügelsorten**
— z. B. Putenrollbraten, Putenschnitzel und -brust, Putengeschnetzeltes, Gans, Ente, Hähnchen und Poularde
▶ **Gegarte Wurstsorten**
— z. B. gebratene Bratwurst, Fleischwurst, Leberkäse, Rindswurst, Knacker, Corned Beef, gekochter Schinken und Geflügelwurst
— gegarte Wurstwaren aus Schweinefleisch sind nicht empfehlenswert und sollten daher durch solche aus Rind- und Geflügelfleisch ersetzt werden
▶ **Ungeräucherte, gegarte Fischsorten**
— z. B. Muscheln, Garnelen, Krebse und Hummer
▶ **Obst**
— Weintrauben

— Beerenfrüchte – z. B. Erdbeeren, Himbeeren, Brombeeren, Johannisbeeren (Ausnahmen: Heidelbeeren sind neutral; Preiselbeeren sollten ganz vermieden werden)
— Kernobstsorten – z. B. säuerliche Äpfel, Birnen und Quitten (Ausnahme: mürbe, süße Äpfel, die gehören zur Kohlenhydratgruppe)
— Steinobstsorten – z. B. Pfirsiche, Aprikosen, Pflaumen und Kirschen
— Zitrusfrüchte – z. B. Orangen, Mandarinen, Zitronen und Grapefruits
— exotische Obstsorten – z. B. Mango, Maracuja, Kiwi, Papaya, Ananas, Litschi (Ausnahme: Bananen, frische Feigen und frische Datteln gehören zur Kohlenhydratgruppe)

▶ **Eier, Milch und Käse**
— Eier, Eiweiß und Eigelb (rohes Eiweiß vermeiden)
— Milch – alle Trinkmilchsorten
— Käse – Käsesorten bis zu 60 % Fett i. Tr., z. B. Harzer Käse, Edamer, Gouda, Tilsiter (achten Sie auf die Fettangaben auf der Verpackung). Ausnahmen: Schafs- und Ziegenkäse, Mozzarella, Feta und Hüttenkäse gehören zur neutralen Gruppe

▶ **Getränke**
— Erfrischungsgetränke – kalter Früchtetee, Obstsäfte, mit Wasser verdünnte Obstsäfte
— Heiße Getränke – Früchtetee
— Alkoholische Getränke – Apfelwein, herber Weiß-, Rot- und Roséwein, trockener Sekt

▶ **Sonstiges**
— gekochte Tomaten

Neutrale Gruppe

Diese Lebensmittel sind gesund und enthalten wenig Fett. Davon dürfen Sie so viel essen, wie Sie mögen!

▶ **Obst und Gemüse**
— alle Gemüse – z. B. Artischocken, Avocados, Brokkoli, grüne Bohnen, Chinakohl, grüne Erbsen, Fenchel, Gurken, Knoblauch, Kohlrabi, Lauch, frischer Mais, Mangold, Möhren, Paprikaschoten, Radieschen, Rettich, Rote Bete, Rosenkohl, Sauerkraut, Spargel, Spinat, rohe Tomaten, Weißkohl, Zwiebeln, Zucchini
— Blattsalate – z. B. Kopfsalat, Endiviensalat, Feldsalat, Eisbergsalat, Rauke, Römischer Salat, Radicchio
— Pilze – z. B. Austernpilze, Champignons, Pfifferlinge, Steinpilze
— Keime und Sprossen – z. B. Mungobohnenkeimlinge, Alfalfa-, Sojabohnensprossen

▶ **Milchprodukte**
— Gesäuerte Milchprodukte – z. B. Joghurt, Quark, vergorenes Molkekonzentrat (Molkosan)
— Fettreiche Produkte – z. B. süße Sahne, Crème fraîche
— Käse – alle Käsesorten ab 60 % Fett i. Tr., alle Rohmilchkäsesorten, z. B. Allgäuer Emmentaler oder Appenzeller sowie alle Weißkäsesorten, z. B. Schafs- und Ziegenkäse, Feta, Mozzarella, körniger Frischkäse

▶ **Fettreiche Lebensmittel (in geringen Mengen)**
— Öle, Margarine, Butter – Öle und Margarine mit einem hohen Anteil an ungesättigten Fettsäuren bevorzugen, Margarine mit gehärteten Fetten meiden.
— Nüsse, Mandeln, Samen

TIPPS

Obst: Obwohl Obst keine Säuren bildet, wird es zur Eiweiß-gruppe gezählt. Denn Obst, das ja meist viel Fruchtsäure enthält, kann die Verdauung von kohlenhydratreichen Lebensmitteln behindern.

Panieren: Verwenden Sie zum Panieren von Lebensmitteln aus der Eiweißgruppe kein Paniermehl, sondern Sesamsamen, gemahlene Mandeln oder gemahlene Nüsse.

Zitronensaft: Zitronensaft darf auch zum Abschmecken von Gerichten aus der neutralen Gruppe verwendet werden.

Wein und Bier: Zu besonderen Gelegenheiten kann man zu Eiweißmahlzeiten ein Glas trockenen Wein und zu Kohlenhydratmahlzeiten ein Glas Bier trinken.

▶ **Sonstiges**
— Gewürze – Kräuter, Gewürze, Zitrusschalen
— Getränke – Kräutertees, Rotbuschtee, Gemüsesäfte, Getreidekaffee
— Geliermittel – Gelatine, Agar-Agar, Nestargel oder Biobin (Reformhaus). Diese Lebensmittel sollten Sie auf Grund ihrer Zusammensetzung nur sparsam einsetzen!
— Sojaprodukte – z. B. Tofu, Soja-Brotaufstriche
— ungeschwefelte Rosinen, Oliven, Eigelb, Hefe, Gemüsebrühe, Feigen-Balsamico, sehr alter Balsamico

Kohlenhydratgruppe

▶ **Getreide, Brot, Reis**
— Vollkorngetreide und Produkte aus Vollkorngetreide

▶ **Kartoffeln, Gemüse, Obst**
  — Kartoffeln, Grünkohl, Schwarzwurzeln, Topinambur
  — Bananen; mürbe, süße Äpfel; frische Feigen und Datteln
  — ungeschwefeltes Trockenobst (Ausnahme: Rosinen gehören zur neutralen Gruppe)

▶ **Süßungsmittel**
  — Frutilose, Honig, Ahornsirup, Birnen- und Apfeldicksaft. Süßungsmittel dürfen in kleinen Mengen auch zum Abschmecken von neutralen und Eiweißgerichten verwendet werden.

▶ **Sonstiges**
  — Bier, Kartoffelstärke, Weinsteinbackpulver, Puddingpulver (ohne Farbstoff), Carobe (das Pulver wird wie Kakao verwendet und ist in Naturkostläden erhältlich)

Was Sie meiden sollten

  — weißes Mehl und daraus hergestellte Produkte – hier fehlen Vitamine und Ballaststoffe.
  — polierter Reis – hier fehlen Vitamine und Ballaststoffe.
  — Zucker und damit hergestellte Produkte – Zucker lässt den Blutzucker in Sekundenschnelle ansteigen. Insulin nimmt zwar die Zuckerstoffe wieder heraus, verwandelt sie aber in Fette.
  — Süßstoffe – Süßstoffe erzeugen Hunger und werden aus diesem Grund in der Schweinemast eingesetzt.
  — Fertiggerichte und Konserven – hier fehlen wichtige Mineralstoffe und Vitamine. Außerdem wird durch Geschmacksverstärker der Appetit übermäßig angeregt.
  — rohes Eiweiß von Eiern – hier besteht die Gefahr von Bakterien, zum Beispiel Salmonellen.

- getrocknete Hülsenfrüchte, z. B. Erbsen, Bohnen, Linsen – diese sind schwer verdaulich, da Eiweiße und Kohlenhydrate in fast gleich großen Mengen vorhanden sind.
- Erdnüsse – sie gehören zu den Hülsenfrüchten und sind ebenfalls schwer verdaulich.
- Preiselbeeren – diese Früchte sollte man wegen des hohen Zuckergehalts meiden.
- fertige Mayonnaise – Mayonnaisen werden oft aus minderwertigen Ölen hergestellt. Reformhausmayonnaise oder Mayonnaisen mit Verweis auf das eingesetzte hochwertige Öl können verwendet werden.
- gehärtete Fette, z. B. Margarinen mit gehärteten Fetten, weiße, feste Frittier- und Plattenfette – gehärtete Fette treiben bedingt den Körpercholesterinspiegel in die Höhe. Gehärtete Fette stecken in vielen Fertiggerichten, Süßwaren, Gebäck und Eis.
- Koffein, Zucker, Alkohol, schwarzer Tee, Kaffee, Kakao, Limonaden, Malzbier, hochprozentige Spirituosen – Koffein (auch im Tee enthalten), Zucker und Alkohol zählen zu den Genussmitteln und sind Säurebildner.

Wie kombiniere ich richtig?

Besonders am Anfang stehen viele Trennkost-Neulinge vor der Frage: »Ist die gewählte Zusammenstellung auch tatsächlich trennkostgerecht?« Sicher, es gibt hin und wieder Situationen, in denen man etwas unsicher wird, doch lassen Sie sich nicht entmutigen. Je mehr Sie sich mit der Trennkost beschäftigen und danach essen, desto leichter fällt es Ihnen, auch einmal Gerichte selber nach Ihren individuellen Wünschen trennkostgerecht zusammenzustellen.

In der nachfolgenden Übersicht sind beispielhaft ungeeignete und harmonische Zusammenstellungen für alle Mahlzeiten des Tages gegenübergestellt. Die anschließenden Erläuterungen dienen Ihnen dazu, den Trennungsplan und die Gründe für die Nicht-Eignung bzw. die Eignung der vorgestellten Gerichte zu verstehen.

Wie Sie die harmonisch kombinierten Speisen zubereiten, können Sie im Rezeptteil ab S. 59 nachlesen.

Vorschläge fürs Frühstück

▶ **ungeeignete Kombination:** Haferflockenmüsli – Haferflocken, Rosinen, Sonnenblumenkerne, Honig, Milch und Apfelsinenspalten
Warum ist diese Kombination ungeeignet? Nahrungsmittel in dieser Kombination harmonieren nicht miteinander, weil Milch und Apfelsine zur Eiweißgruppe gehören, Haferflocken und Honig jedoch zur Kohlenhydratgruppe.

▶ **harmonische Kombination:** Haferflockenmüsli – Haferflocken, Rosinen, Sonnenblumenkerne, Honig, Buttermilch und Bananenscheiben
Die richtige Zusammenstellung für ein Kohlenhydrat-Frühstück: Haferflocken, Honig und Banane zählen zur Kohlenhydratgruppe. Rosinen, Sonnenblumenkerne und Buttermilch sind neutral.

▶ **ungeeignete Kombination:** Deutsches Frühstück – 1 Glas Orangensaft, belegtes Brot mit Wurst oder Käse, 1 gekochtes Ei oder Rührei
Warum ist diese Kombination ungeeignet? Obst und Obstsäf-

te zählen zur Eiweißgruppe und sollten daher nicht gleichzeitig mit Nahrungsmitteln aus der Kohlenhydratgruppe verzehrt werden. Es ist besser, Obst oder Saft 20 bis 30 Minuten vor dem eigentlichen Frühstück zu genießen. Zum Frühstücksei passen statt Brot besser Tomaten, Gurken, Oliven oder Paprika.

▶ **harmonische Kombination:** Deutsches Frühstück – 1 Glas frisch gepresster Orangensaft nüchtern getrunken, 20 Minuten warten, dann 1 Scheibe Brot mit wenig Belag
Die richtige Zusammenstellung für ein kombiniertes Eiweiß-/ Kohlenhydrat-Frühstück: Halten Sie etwas Zeitabstand zwischen Saft (Eiweißgruppe) und Brot (Kohlenhydratgruppe) ein. Das Brot können Sie mit Butter bestreichen. Da es keine hundertprozentige Trennung der Nahrungsmittel gibt, können Sie das Brot mit etwa 30 g Wurst oder Käse belegen.

▶ **ungeeignete Kombination:** Obstfrühstück – Apfelsinen-, Ananas- und Bananenstücke
Warum ist diese Kombination nicht geeignet? Saures Obst, wie Zitrusfrüchte oder exotische Obstsorten, wird mit den sauren Säften des Magens vorverdaut und zählt deshalb zur Eiweißgruppe. Die Banane jedoch benötigt basische Verdauungssäfte und gehört daher zur Kohlenhydratgruppe.

▶ **harmonische Kombination:** Obstfrühstück – Apfelsinen- und Ananasstücke
Die richtige Zusammenstellung für ein Eiweiß-Frühstück: Zum Frühstück können Sie so viel Obst essen, wie Sie mögen oder vertragen können. Wenn Sie ganz richtig trennen wollen, sollten Sie nur eine Obstsorte essen oder nur art-

verwandte Früchte miteinander kombinieren, zum Beispiel Pfirsiche und Nektarinen, Apfelsinen und Mandarinen oder Mischungen aus Beerenfrüchten.

Vorschläge für Zwischenmahlzeiten

▶ **ungeeignete Kombination:** süße Teilchen
Warum ist diese Kombination ungeeignet? Süße Backwaren werden in der Regel aus Weißmehl und mit viel Zucker hergestellt. Dadurch steigt der Blutzuckerspiegel rasch an, sinkt aber kurze Zeit später, bedingt durch die Insulinausschüttung aus der Bauchspeicheldrüse, wieder stark ab. Dieser Vorgang ruft im Körper erneut ein Hungergefühl hervor.

▶ **harmonische Kombination:** Vollkorngebäck
Die richtige Zusammenstellung für eine Kohlenhydrat-Zwischenmahlzeit: Gebäck aus Vollkornmehl, zum Beispiel aus Weizen oder Dinkel, erhöht den Blutzuckerspiegel nur gering. Vollkornprodukte enthalten darüber hinaus Ballaststoffe. Diese regen die Darmtätigkeit an und sorgen dafür, dass Sie länger satt bleiben. Heißhungerattacken kann also durch Ballaststoffhaltiges vorgebeugt werden.

▶ **ungeeignete Kombination für den Nachmittag:** Säuerliche Obstsorten wie Äpfel, Apfelsinen, Kiwi, Johannisbeeren
Warum ist diese Kombination nicht geeignet? Obstsorten, die zur Eiweißgruppe gehören, sollten der besseren Verträglichkeit wegen lieber am Vormittag bis etwa 14 Uhr gegessen werden. In dieser Zeit bildet der Körper leichter die sauren Verdauungssäfte. Am Nachmittag stellt er mehr basische Verdauungssäfte her.

▶ **harmonische Kombination für den Nachmittag:** Bananen, mürbe Äpfel, Trockenobst, Haferflocken, Honigbrot oder Müsliriegel
Die richtige Zusammenstellung für eine Kohlenhydrat-Zwischenmahlzeit: Am Nachmittag werden Obstsorten oder solche Nahrungsmittel, die zur Kohlenhydratgruppe gehören, leichter verdaut. Zu dieser Tageszeit sinkt bei fast allen Menschen der Blutzuckerspiegel. Eine Banane oder ein Müsliriegel baut dann den Blutzuckerspiegel wieder auf.

▶ **ungeeignete Kombination:** gesalzene Erdnüsse
Warum ist diese Kombination nicht geeignet? Gesalzene Knabbereien binden auf Grund ihres hohen Salzgehaltes sehr viel Wasser im Körper. Zudem werden Appetit und Speichelfluss übermäßig angeregt, was dem Gehirn Hungergefühl vortäuscht. Das Verlangen nach solchen Snacks ist dann meistens schwer zu bremsen.

▶ **harmonische Kombination:** Studentenfutter
Die richtige Zusammenstellung für eine neutrale Zwischenmahlzeit: Eine gute Alternative zu fertig gekauften Knabberartikeln stellt eine Nuss-Rosinen-Mischung dar. Dadurch stillen Sie nicht nur Ihren Süßhunger, sondern Sie befriedigen auch Ihr Kaugefühl. Außerdem werden keine Suchtgefühle wie z. B. bei Schokolade gefördert.

▶ **ungeeignete Kombination für den Vormittag:** Brötchen mit Wurstaufstrich oder mit heißem Würstchen
Warum ist diese Kombination nicht geeignet? Gerade eine Zwischenmahlzeit am Vormittag sollte vitamin- und mineralstoffreich sein und nicht aus fettreichen, salzigen Nah-

WIE KOMBINIERE ICH RICHTIG?

rungsmitteln zusammengestellt sein. Bedenken Sie außerdem, dass Wurst zur Eiweiß- und Brötchen zur Kohlenhydratgruppe gehören. Wenn Sie ein Würstchen essen, dann würde z. B. eine Portion Sauerkraut besser dazu passen, denn es zählt zur neutralen Gruppe.

▶ **harmonische Kombination für den Vormittag:** Frisches Obst der Saison, außer Bananen oder Rohkost (zum Beispiel Kohlrabi, Möhren, Paprika) oder 1 Glas Buttermilch bzw. Joghurt oder andere gesäuerte Milchprodukte
Die richtige Zusammenstellung für eine Eiweiß- oder eine neutrale Zwischenmahlzeit: Um Fitness und Wohlbefinden zu steigern, sind als Zwischenmahlzeit Obst, Rohkost oder Milchprodukte sehr zu empfehlen. Da Bananen zur Kohlenhydratgruppe gehören, sollten sie nicht zusammen mit saurem Obst gegessen werden. Rohkost ist neutral und kann ebenso wie Buttermilch und andere gesäuerte Milchprodukte entweder allein oder in Kombination mit Nahrungsmitteln aus der Eiweiß- oder aus der Kohlenhydratgruppe gegessen werden.

▶ **ungeeignete Kombination:** Reisbrei mit Kirschkompott
Warum ist diese Kombination nicht geeignet? Reis in Verbindung mit säurereichem Obst aus der Eiweißgruppe ist weniger empfehlenswert. Solche Obstsorten benötigen saure Verdauungssäfte, während vom Körper bei Reis die weniger aggressiven basischen Verdauungssäfte bereitgestellt werden müssen.

▶ **harmonische Kombination:** Reisbrei mit Rosinen, Honig und Zimt

Die richtige Zusammenstellung für eine Kohlenhydrat-Hauptmahlzeit: Wenn Sie einmal Lust auf ein süßes Gericht haben, probieren Sie diese Kombination aus. Kochen Sie den Reisbrei nicht mit Milch, sondern mit einem Gemisch aus ein Drittel süßer Sahne und zwei Drittel Wasser. Wer zum Reisbrei gerne Kompott isst, kann dieses aus mürben Äpfeln zubereiten. Möglich sind auch eingeweichte Trockenfrüchte oder ein Heidelbeerdessert. Heidelbeeren gehören zur neutralen Gruppe und können daher mit Nahrungsmitteln aus der Kohlenhydratgruppe, aber auch mit denen aus der Eiweißgruppe zusammen verzehrt werden.

Vorschläge für Hauptmahlzeiten

▶ **ungeeignete Kombination:** Hühnersuppe mit Nudeleinlage
Warum ist diese Kombination nicht geeignet? Gegartes Geflügelfleisch gehört in die Eiweißgruppe und sollte nicht zusammen mit Nudeln (Kohlenhydratgruppe) verzehrt werden.

▶ **harmonische Kombination:** Geflügelsuppe mit Gemüseeinlage
Die richtige Zusammenstellung für eine Eiweiß-Hauptmahlzeit: Besser ist es, die Hühnersuppe mit reichlich Gemüse, zum Beispiel mit Möhren, Lauch, Sellerie oder Blumenkohl, zuzubereiten. Durch das Gemüse nehmen Sie mit dieser Mahlzeit eine Extraportion Kalium auf, welches die Nierentätigkeit anregt.

▶ **ungeeignete Kombination:** Spinat, Kartoffeln und zwei Spiegeleier

Warum ist diese Kombination nicht geeignet? Da Kartoffeln zur Kohlenhydratgruppe gehören, die Eier jedoch zur Eiweißgruppe, sollten diese beiden Komponenten nicht innerhalb einer Mahlzeit gegessen werden.

▶ **harmonische Kombination:** Spinat mit Spiegeleiern
Die richtige Zusammenstellung für eine Eiweiß-Hauptmahlzeit:
Je einfacher eine Mahlzeit zusammengestellt ist, umso leichter ist die anschließende Verdauungsphase. Die Kombination von Nahrungsmitteln aus der gleichen Gruppe oder mit solchen aus der neutralen Gruppe erfüllt diese Bedingungen. Wer keine Eier mag, kann zum Spinat Kartoffeln essen. So wird daraus eine Kohlenhydrat-Hauptmahlzeit.

▶ **ungeeignete Kombination:** Schollenfilet mit Kartoffelsalat
Warum ist diese Kombination nicht geeignet? Diese beiden Komponenten harmonieren nicht miteinander. Außerdem liegt diese Mahlzeit vielen Menschen schwer im Magen, weil sie schwer verdaulich ist.

▶ **harmonische Kombination:** Schollenfilet mit buntem Salat
Die richtige Zusammensetzung für eine Eiweiß-Hauptmahlzeit:
Fisch sollte auf jeden Fall regelmäßig auf Ihrem Speiseplan stehen. Damit Fischmahlzeiten besser verträglich werden, sollten Sie anstatt des Kartoffelsalats einen frischen Salat dazu essen.
Oder: Kartoffelsalat mit gebeiztem Lachs
Wer gerne Kartoffelsalat isst, wählt statt des gebackenen Fischs rohen oder geräucherten Fisch, zum Beispiel Lachs oder Makrele. Zusammen mit buntem Salat haben Sie dann eine Kohlenhydrat-Hauptmahlzeit.

▶ **ungeeignete Kombination:** Frikadellen mit Bratkartoffeln und Butterbohnen
Warum ist diese Kombination nicht geeignet? Gebratenes Fleisch gehört zur Eiweißgruppe, Bratkartoffeln zur Kohlenhydratgruppe. Beides zur gleichen Zeit gegessen, kann zu Verdauungsschwierigkeiten führen. Viele Menschen spüren zudem nach einer so zusammengestellten Mahlzeit große Müdigkeit und einen Leistungsabfall.

▶ **harmonische Kombination:** Frikadellen mit Butterbohnen
Die richtige Zusammensetzung für eine Eiweiß-Hauptmahlzeit: Leichter verdaulich wird diese Hauptmahlzeit, wenn Sie statt der Bratkartoffeln zur Frikadelle nur Gemüse essen. Lockern Sie die Fleischmasse nicht wie gewohnt mit einem eingeweichten Brötchen, sondern mit geraspelten Möhren.
Oder: Bratkartoffeln mit Butterbohnen
Wer auf Fleisch verzichten möchte und stattdessen lieber Bratkartoffeln isst, macht aus der Eiweißmahlzeit eine Kohlenhydrat-Hauptmahlzeit, indem die oben genannten Mahlzeitenkomponenten zusammen gegessen werden.

▶ **ungeeignete Kombination:** Kartoffelbrei mit Gulasch und Sauerkraut
Warum ist diese Kombination nicht geeignet? Diese Mahlzeit kann leichter verdaulich zusammengestellt werden, wenn Sie nur den Kartoffelbrei mit dem Sauerkraut essen. Das Fleisch können Sie für eine Eiweißmahlzeit verwenden.

▶ **harmonische Kombination:** Kartoffelbrei mit Sauerkraut und gerösteten Zwiebeln
Die richtige Zusammensetzung für eine Kohlenhydrat-Haupt-

mahlzeit: Etwas mehr Pep bekommen Kartoffelbrei und Sauerkraut, wenn Sie in Öl geröstete Zwiebelringe auf das Gericht geben. Bereiten Sie den Kartoffelbrei nicht mit Milch zu, sondern stampfen Sie ihn im eigenen Kochwasser und verfeinern ihn mit etwas süßer Sahne.

Oder: Szegediner Gulasch

Wenn vom Sauerkraut noch etwas übrig geblieben ist, können Sie die Reste mit dem Gulasch mischen und daraus eine Eiweiß-Hauptmahlzeit zubereiten.

Umsteigen auf Trennkost

Bevor Sie Ihre Ernährung auf Trennkost umstellen, sollten Sie einen so genannten Umschalttag einlegen. Dieser dient der Anregung des Stoffwechsels und der Entgiftung des Körpers.

Neben dem Verzehr der bei den einzelnen Tagen beschriebenen Lebensmittel ist es unbedingt nötig, dass Sie am Umschalttag ausreichend Flüssigkeit zu sich nehmen. Besonders geeignet sind dafür natriumarmes, stilles Mineralwasser sowie Tee (Früchte- und Kräutertee).

Nachfolgend finden Sie verschiedene Vorschläge für den Umschalttag. Wählen Sie nach Belieben aus. Übrigens, bei allen Beispielen (außer beim Obsttag) dürfen Sie morgens zusätzlich noch eine Kleinigkeit essen.

▶ *Gemüse-Salat-Tag:* Essen Sie an diesem Tag ausschließlich Salat und/oder Gemüse der Saison in roher oder leicht gedünsteter Form. Die Menge dieser Lebensmittel richtet sich dabei ganz nach Ihrem persönlichen Appetit. Verzichten Sie beim Dünsten auf Fett und Salz. Nach Belieben können Sie zum Würzen Ihrer Mahlzeiten aber etwas vegetarische Gemüsebrühe (Instantpulver) verwenden.

▶ *Obsttag:* Bis 15 Uhr können Sie an diesem Tag frisches Obst der Saison (bitte aber keine Bananen, frische Feigen und Datteln) essen. Die Menge richtet sich auch hier nach Ihrem Appetit. Ab 17 Uhr stehen dann noch 2 mittelgroße Bananen oder 2 mittelgroße Pellkartoffeln auf Ihrem Speiseplan.

▶ *Kartoffel-Trink-Tag:* Diesen Entschlackungstag empfehle ich besonders denjenigen, die einen empfindlichen Magen-Darm-Trakt haben.
Und folgendermaßen wird der Kartoffeltrunk zubereitet: Garen Sie 500 g nur unter Wasser abgebürstete, ungeschälte neue Kartoffeln in etwa 2 l Wasser (ohne Salz). Bei diesen Kartoffeln können Sie die Schale später mitverzehren, ältere Kartoffeln sollten Sie vor dem Garen schälen. Nach dem Kochen werden die Kartoffeln dann zusammen mit der Kochflüssigkeit püriert. Der Kartoffeltrunk wird über den Tag verteilt getrunken.

▶ *Kartoffel-Gemüse-Suppen-Tag:* An diesem Tag gibt es eine Suppe aus 3 Kartoffeln, 3 Zwiebeln, 3 Stangen Lauch, 1 Stück Knollensellerie und (nach Geschmack) 3 Möhren. Das exakte Gewicht der Zutaten spielt bei diesem Rezept keine Rolle.
Und so wird die Suppe zubereitet: Putzen Sie das Gemüse, waschen und zerkleinern Sie es. Dann geben Sie es in einen großen Topf, füllen ihn mit Wasser auf und fügen nach Belieben frische, gehackte Kräuter und Gewürze (zum Beispiel Petersilie, Majoran, Liebstöckel, Kümmel und Knoblauch) hinzu. Anschließend wird alles zugedeckt bei mittlerer Temperatur gegart, bis das Gemüse weich ist. Zum Schluss können Sie die Suppe mit etwas vegetarischer Gemüsebrühe (Instantpulver) abschmecken. Erwärmen Sie

die Suppe vor Ihren Mahlzeiten portionsweise und essen Sie sie über den Tag verteilt.

Ein Tag mit der Trennkost
Wie einfach die Trennkost im täglichen Leben durchzuführen ist, möchte ich Ihnen mit dem folgenden Beispiel zeigen.

Ein guter Start in den Tag
Beginnen Sie den Tag mit einem leichten Frühstück. Wählen Sie je nach Geschmack zwischen einem Obstfrühstück, einem Müsli oder einem Brot mit Belag. Wenn Sie sich für Obst entschieden haben, ist es besser, bei einer Sorte beziehungsweise bei artverwandten Früchten zu bleiben. Zum Beispiel passen Pfirsiche oder Nektarinen zusammen oder Apfelsinen und Mandarinen. Bei Beerenobst: Himbeeren, Erdbeeren und Brombeeren, bei Steinobst: Mirabellen und Pflaumen. Kombinieren Sie diese Obstsorten niemals mit kohlenhydratreichen Lebensmitteln, da Obst sehr viel Fruchtsäure enthält und dementsprechend in einem sauren Milieu verdaut werden muss. Trotzdem reagiert das säurehaltige Obst später im Stoffwechsel basisch. Besser ist es, Obst alleine zu essen oder es in nicht zu großen Mengen mit Lebensmitteln aus der Eiweißgruppe zu kombinieren.

Möchten Sie zum Frühstück lieber ein Müsli essen, dann geben Sie statt der frischen Milch ein gesäuertes Milchprodukt hinzu, zum Beispiel Joghurt, Buttermilch, Kefir, Trinksauermilch oder mit Wasser verdünnte Sahne. Zusätzlich können Sie das Müsli mit Nüssen, Rosinen, Honig, Banane oder mit einem geriebenen, mürben Apfel anreichern.

Wenn Sie zum Frühstück lieber eine Scheibe Brot essen möchten, dann achten Sie auch hier auf eine harmonische Zusammenstellung. Sie können auf Ihr Brot etwas Butter geben und, da es keine hundertprozentige Trennung von eiweiß- und kohlenhydrathaltigen Lebensmitteln gibt, zusätzlich in kleinen Mengen (30 g) Wurst oder Käse darauf legen.

Zwischendurch etwas Leichtes

Etwa zwei Stunden nach dem Frühstück ist es sinnvoll, eine kleine Zwischenmahlzeit einzulegen. Hier bietet sich frisches, säurereiches Obst an wie Ananas, Apfelsine, Erdbeeren, Apfel oder Birne. Sie können aber auch in beliebiger Menge Möhren, Paprika, Gurke oder Ähnliches essen. Ebenso schmeckt ein Naturjoghurt oder ein Glas Buttermilch.

Neue Energie zum Mittagessen

Zum Mittagessen wählen Sie zwischen einer Eiweiß- oder einer Kohlenhydratmahlzeit aus. Wenn Sie sich für eine Eiweißmahlzeit entschieden haben, dann können Sie zwischen Fleisch, Fisch, Käse oder Eiern wählen. Bevorzugen Sie beim Einkauf von Fleisch und Fisch die mageren Sorten. Vermeiden Sie größere Mengen Fleisch, insbesondere Schweinefleisch und daraus hergestellte Produkte. Legen Sie eventuell zwei bis drei fleischlose Tage in der Woche ein, um einer Übersäuerung des Gewebes mit den damit verbundenen Stoffwechselstörungen vorzubeugen.

Wenn Sie mittags eine Kohlenhydratmahlzeit essen möchten, können Sie zwischen Getreide, Nudeln, Reis oder Kartoffeln wählen. Wichtig ist, egal ob Sie eine Eiweiß- oder Kohlenhydratmahlzeit bevorzugen, dass Sie vor oder zu der Mahlzeit einen Teller Salat, Rohkost oder Gemüse essen. Sie können auch eine halbe Stunde vor dem Mittagessen säurereiches Obst essen. Das sättigt nicht nur, sondern es liefert dem gesamten

Organismus zusätzlich wertvolle Vitamine und Enzyme. Da Obst leicht verdaulich ist und schon nach etwa einer halben Stunde basisch verstoffwechselt wird, können Sie anschließend auch eine kohlenhydratreiche Mahlzeit zu sich nehmen.

Trinken Sie vor dem Mittagessen noch ein großes Glas Wasser oder Tee in kleinen Schlucken. Zum Mittagessen selbst sollten Sie nichts trinken, da jetzt jedes Getränk die Verdauungssäfte im Magen verdünnt und die Verdauung so erheblich gestört und verzögert wird. Zu besonderen Gelegenheiten oder festlichen Anlässen können Sie zur Eiweißmahlzeit ein Glas trockenen Wein und zur Kohlenhydratmahlzeit ein Glas Bier trinken. Nach dem Mittagessen sollten Sie Ihrem Magen eine Pause von etwa drei bis vier Stunden gönnen und in dieser Zeit nichts essen.

Rascher Kraftnachschub am Nachmittag

Am Nachmittag sinkt bei fast allen Menschen der Blutzuckerspiegel. Essen Sie eine reife Banane oder Haferflocken mit Kefir. Süßen Sie die Haferflocken mit Honig und ein paar Rosinen. Säurereiches Obst ist am Nachmittag nicht mehr zu empfehlen.

Harmonisches zum Ausklang des Tages

Auch am Abend empfiehlt es sich, leicht Verdauliches zu essen. Auf Fleischgerichte sollten Sie jetzt nach Möglichkeit verzichten, da der Magen am Abend nicht mehr so aktiv die sauren Verdauungssäfte für die Eiweißverdauung herstellen kann wie mittags. Leichter bekömmlich sind um diese Zeit Kartoffel-, Reis- oder Nudelgerichte. Wichtig ist auch am Abend der Gemüse- oder Salatteller. Im Rezeptteil finden Sie zahlreiche Anregungen für appetitliche und wohlschmeckende Mahlzeiten aus der Kohlenhydratgruppe.

Mengenplan

Durch diesen Plan erfahren Sie, wie ein Tag mit der Trennkost aussehen sollte. Sie sehen, was und wie viel Sie beispielsweise zum Frühstück oder am Mittag essen können und in welchen ungefähren zeitlichen Abständen die verschiedenen Mahlzeiten eingenommen werden sollten. Die Gewichtsangaben und die Uhrzeiten auf dem Mengenplan sind nur Richtwerte.

8:00 Uhr 1 Glas (etwa 200 ml) natriumarmes und stilles Mineralwasser

8:05 Uhr **Frühstück** – Hier haben Sie die Wahl zwischen einer Kohlenhydrat-, einer Eiweiß- oder einer Obstmahlzeit.

Kohlenhydratmahlzeit:

1 Scheibe Vollkornbrot (50 g)

oder 1 Vollkornbrötchen

oder 3 Scheiben Vollkornknäckebrot.

Die jeweilige Brotsorte dünn mit Butter oder Margarine bestreichen und mit Folgendem belegen beziehungsweise bestreichen:

30 g rohe Wurst (ca. 3 dünne Scheiben)

oder 30 g Käse ab 60 % Fett i. Tr. (ca. 1 Scheibe)

oder 50 g Quark (ca. 2 EL)

oder 2 TL Honig.

Alternativ dazu können Sie auch ein Müsli (siehe Rezepte S. 59) oder einen Getreidebrei essen.

Eiweißmahlzeit:

2 Eier (als Spiegeleier oder Rührei zubereitet oder gekocht. Achtung: Nicht mehr als 3 Eier pro Woche). Dazu können Sie Folgendes essen:

Tomaten, Gurken, Paprikaschoten, Radieschen oder andere neutrale Gemüsesorten. Brot und anderes Gebäck sind bei der Eiweißmahlzeit nicht erlaubt.

Obstmahlzeit:

In beliebiger Menge frisches Obst der Saison (außer Bananen, frischen Feigen und Datteln). Wenn Sie auf Kaffee oder schwarzen Tee nicht verzichten möchten, sollten Sie ihn mit etwas Sahne verfeinern.

Wichtig: Jeden Bissen sorgfältig kauen und gut einspeicheln. Kaffee oder Tee sind kein Speichelersatz.

9:00 Uhr 1 Glas (etwa 200 ml) Früchte- oder Kräutertee oder stilles Mineralwasser.

10:00 Uhr 1 Glas (etwa 200 ml) Früchte- oder Kräutertee oder stilles Mineralwasser

10:30 Uhr **1. Zwischenmahlzeit**
200 g frisches Obst der Saison (aber keine Bananen, frische Feigen oder Datteln)
oder 250 ml Frischmilch
oder 250 g angesäuerte Milchprodukte (z. B. Joghurt, Quark, Dickmilch oder Buttermilch)
oder 100 g frisches Obst (aber keine Bananen, frische Feigen oder Datteln) und dazu 125 ml Frischmilch oder angesäuerte Milchprodukte

12:00 Uhr 1 Glas (etwa 200 ml) Früchte- oder Kräutertee oder stilles Mineralwasser.

12:30 Uhr **Mittagessen** – Mittags haben Sie die Auswahl zwischen einer Eiweiß- und einer Kohlenhydratmahlzeit.

Eiweißmahlzeit:

100–150 g Fleisch

oder 200 g Fisch

oder 2 Eier

oder 60–80 g Käse bis 50 % Fett i. Tr.

oder 80 g gegarte Wurstsorten.

Dazu gibt es ca. 400 g neutrales Gemüse und Salat.

Kohlenhydratmahlzeit:

50 g Getreide (roh gewogen)

oder 60 g Naturreis (roh gewogen)

oder 60 g Vollkornnudeln (roh gewogen)

oder 100 g Vollkornbrot

oder 200 g Kartoffeln.

Dazu gibt es ca. 400 g Gemüse und Salat.

Zusätzlich zu den Zutaten für die Eiweiß- oder Kohlenhydratmahlzeit können Sie auch kleine Mengen Butter, Margarine, Öl oder Sahne verwenden. Die genannten Lebensmittel sind neutral und passen immer dazu. Außerdem dürfen Sie zu jeder Mittagsmahlzeit noch 30 bis 50 g neutrale Lebensmittel essen (siehe Trennungsplan S. 19)

Wichtig: Während einer Hauptmahlzeit sollten Sie nichts oder wenig (in kleinen Schlucken) trinken.

14:00 Uhr 1 Glas (etwa 200 ml) Früchte- oder Kräutertee oder stilles Mineralwasser.

15:00 Uhr 1 Glas (etwa 200 ml) Früchte- oder Kräutertee oder stilles Mineralwasser.

16:00 Uhr 1 Glas (etwa 200 ml) Früchte- oder Kräutertee oder stilles Mineralwasser.

16:30 Uhr   **2. Zwischenmahlzeit**
1 Banane
oder 1 Müsliriegel ohne Zucker
oder 1 Stück Rosinenkuchen
oder 1 Scheibe Knäckebrot mit Honig
oder 2 EL Quark mit 1 TL Honig
oder 1 EL Vollkornhaferflocken und 1 Becher Joghurt
oder 200 g angesäuerte Milchprodukte
Wichtig: Keine Frischmilch trinken.

18:00 Uhr   1 Glas (etwa 200 ml) Früchte- oder Kräutertee oder stilles Mineralwasser.

18:30 Uhr   **Abendessen** – Abends haben Sie die Auswahl bei den Kohlenhydratgerichten (ab und an können Sie abends auch einmal ein neutrales oder ein Eiweißgericht essen).
50 g Getreide (roh gewogen)
oder 100 g Vollkornbrot
oder 60 g Naturreis (roh gewogen)
oder 60 g Vollkornnudeln (roh gewogen)
oder 200 g Kartoffeln
Dazu gibt es ca. 400 g Gemüse und Salat sowie 30 bis 50 g neutrale Lebensmittel (siehe Trennungsplan S. 19) und kleine Mengen Butter, Margarine, Öl oder Sahne.

Die häufigsten Fragen zur Trennkost

Frage: Nach vielen Diäten, die alle keine langen Wirkungen
zeigten, habe ich die Haysche Trennkost entdeckt. Bis jetzt
habe ich 14 Kilo abgenommen und möchte diese Ernährungsform beibehalten. Mein Arzt hat mir jedoch davon
abgeraten, da Langzeitwirkungen nicht bekannt wären
und mein Körper mit Mineralstoffen und Vitaminen
unterversorgt würde.

Antwort: Auf Grund meiner zwanzigjährigen Berufserfahrung
kann ich Sie hier ehrlichen Gewissens beruhigen. Sie werden weder an Mineralstoff- noch an Vitaminmangel leiden. Ganz im Gegenteil, durch die Trennkost wird der Körper mit Vitalstoffen optimal versorgt, und es findet gleichzeitig eine Entgiftung und Entsäuerung statt.

Zum Thema Langzeitwirkungen wäre zu sagen, dass diese
Ernährungsform schon seit über fünfzig Jahren erfolgreich
in der Stoffwechselklinik Dr. Walb in Homberg/Ohm prak-
tiziert wird. Ich selbst durfte am eigenen Leib und zudem
an mehreren tausend Menschen die positive Wirkung der
Hayschen Trennkost erleben und beobachten. Und einmal
dumm gefragt: Was ist gegen einen Teller Gemüse mit Kartoffeln oder ein Steak mit Salat einzuwenden? In den
Kriegs- und Nachkriegsjahren hat eine ganze Nation unbe-
wusst nach den Regeln der Hayschen Trennkost gegessen.
Damals litten die Menschen kaum unter Gicht, Rheuma,
Allergien, Magen- und Darmproblemen oder an anderen
Stoffwechselstörungen.

Frage: Nun habe ich eine Woche Trennkost hinter mir. Was
die neutralen Lebensmittel betrifft, bin ich mir nicht ganz

sicher, wie viel ich von diesen pro Mahlzeit zu mir nehmen darf.

Antwort: Das Wort »neutral« klingt natürlich sehr verführerisch, da es den Anschein erweckt, man könnte diese Nahrungsmittel in unbegrenzter Menge verzehren. Dies ist natürlich nicht richtig. Neutral bedeutet in der Fachsprache der Hayschen Trennkost, dass diese Nahrungsmittel weder die Eiweiß- noch die Kohlenhydratverdauung im Aufspaltungsprozess stören. Innerhalb der neutralen muss man zwei Gruppen unterscheiden: Nahrungsmittel wie Gemüse, Salate, Rohkost und Obst gehören zur ersten Gruppe und dürfen in unbegrenzter Menge verzehrt werden. Fette, Öle, roher Schinken, geräucherte Fischwaren gehören zur zweiten Gruppe. Hier dürfen Sie nur begrenzt zugreifen. Dies hat nicht alleine etwas mit den Kalorien zu tun, sondern vielmehr mit dem Säure-Basen-Gleichgewicht.

Frage: Ich bin seit zehn Jahren Diabetiker und möchte wegen meines Übergewichtes gerne mit der Trennkost beginnen. Ich bin mir aber nicht sicher, ob ich mir damit schade.

Antwort: Ich selbst habe während meiner langjährigen Berufserfahrung viele Diabetiker kennen gelernt, die durch die Haysche Trennkost mit weniger oder sogar ganz ohne Medikamente auskamen. Selbstverständlich müssen Sie als Diabetiker weiterhin unter ärztlicher Aufsicht bleiben bzw. Ihren Blutzuckerspiegel selbst beobachten. Doch tritt bei dieser Ernährungsform allgemein eine Besserung ein.

Forscher der Universität Bloemfontein in Südafrika führten an 30 übergewichtigen Frauen mit Hyperinsulinämie eine Langzeitstudie mit einer Art Trennkost durch. Wie erwartet verloren alle Patientinnen an Gewicht, und erfreulicherweise sanken auch ihre erhöhten Blutzuckerwerte. Auch die Stoffwechselklinik Walb in Homberg/Ohm verzeichnet solche Erfolge.

Frage: Ich bin schwanger und möchte in dieser Zeit nicht übermäßig zunehmen. Ist die Trennkost jetzt für mich die richtige Ernährung, oder schade ich mir und meinem Kind?

Antwort: Da in meinen früheren Trennkostgruppen häufig schwangere Frauen waren, kann ich werdenden Müttern die Trennkost nur empfehlen. Erstens werden dem Körper alle lebensnotwendigen Vitamine und Mineralstoffe zugeführt, und zweitens kommt es nicht zu den starken Wasseransammlungen im Körper. Drittens wird der gesamte Verdauungsorganismus durch diese Ernährungsform entlastet. Auch während der anschließenden Stillzeit kann die Haysche Trennkost ohne Bedenken weiter durchgeführt werden, natürlich unter der Maßgabe, Kohl, Zitrusfrüchte und Alkohol zu meiden.

Frage: Seit kurzem koche ich nach Ihren Rezepten und habe damit sehr gute Erfahrungen gemacht. Allerdings habe ich ein Problem mit dem Cholesterin und traue mich nicht so recht an den vollfetten Käse, an Sahne und an Eier heran.

Antwort: Auch mit erhöhten Cholesterinwerten brauchen Sie auf diese Lebensmittel nicht zu verzichten, wenn Sie gleichzeitig auf das Säure-Basen-Gleichgewicht achten. Das bedeutet, dass Sie zusätzlich sehr viel basenbildende Kost in Form von Gemüse, Salaten, Rohkost und Obst essen sollten. Diese Nahrungsmittel wirken ausgleichend und können außerdem den Cholesterinspiegel senken.

Frage: In Ihren Trennkost-Büchern empfehlen Sie, auf Süß-
stoff zu verzichten. Wäre es aber nicht besser, zwecks Kalo-
rieneinsparung bei einer Gewichtsreduktion Süßstoffe
weiterhin zu verwenden?

Antwort: Süßstoffe sind speziell bei Übergewichtigen und Dia-
betikern sehr beliebt, da sie sehr viel stärker süßen als weißer Zucker – und das, ohne dem Körper zusätzliche Kalorien zuzuführen. Aber Süßstoffe werden nicht nur auf einer rein synthetischen Basis hergestellt, sondern sie regen
zudem auch noch den Appetit übermäßig an. So können
sie für Übergewichtige bei Dauergebrauch zu einem echten
Problem werden. Denn die hoch empfindlichen Sensoren
in Mund und Gehirn signalisieren der Bauchspeicheldrüse,
dass jetzt etwas Süßes kommt. Die Bauchspeicheldrüse ih-
rerseits produziert vorsorglich Insulin, tatsächlich wird
aber nur eine süße Imitation zugeführt. Das nun überschüssige Insulin nimmt notgedrungen die Glukosereser-
ven aus dem Blut. Dies hat wiederum zur Folge, dass die
Zuckerkonzentration beträchtlich absinkt. Es kommt zu einer Unterzuckerung und dadurch zu erneutem Hunger. In
der Schweinemast ist dieser Effekt schon lange bekannt.
Füttert man zum üblichen Mastfutter Süßstoffe, so haben
die Schweine einen größeren Appetit. In der Folge fressen
sie mehr und nehmen dabei schneller zu.

Frage: In Ihren Rezepten verwenden Sie sehr oft Sahnedickmilch. Leider hat mein Lebensmittelhändler sie nicht in
seinem Sortiment. Was ist Sahnedickmilch eigentlich, und
durch was kann ich sie ersetzen?

Antwort: Sahnedickmilch ist ein gut bekömmliches, mit Sahne
verfeinertes Sauermilchprodukt. Ersetzen kann man dieses

Produkt durch milden stichfesten Joghurt, der mit einem Schuss süßer oder saurer Sahne verrührt wird.

Frage: Ihren Büchern habe ich wertvolle Tipps entnommen und auch versucht mich daran zu halten. Doch es fällt mir sehr schwer, auf Essig zu verzichten, da ich ein großer Fan von Balsamessig bin. Warum soll man in der Trennkost keinen Essig verwenden?

Antwort: Generell ist Essig nicht verboten. Da er aber zu den stark säurebildenden Nahrungsmitteln zählt, wird er in der Trennkost nicht empfohlen. Milde Essigsorten, dazu gehört auch der Balsamessig, können in kleinen Mengen zu Eiweißmahlzeiten verwendet werden. Essigersatz für kohlenhydrathaltige Speisen sind Molkosan – ein vergorenes Molkekonzentrat – und stark verdünnter Obstessig sowie Brottrunk. Zum Säuern von Salatsaucen zu Eiweißmahlzeiten eignet sich auch Zitronensaft hervorragend.

Frage: Weshalb sind Tomaten, wenn sie gekocht sind, den Eiweißen zuzurechnen?

Antwort: Die im Rohzustand noch süß schmeckende Tomate wird durch den Erhitzungsprozess zur sauren Frucht, zählt also zur Eiweißgruppe. Im Rohzustand gehören Tomaten zur neutralen Gruppe. In anderen Ernährungslehren werden Tomaten dagegen immer den sauren Früchten zugeordnet. Jeder Verdauungsorganismus reagiert jedoch anders. Beobachten Sie sich deshalb nach dem Genuss von rohen und gekochten Tomaten. Achten Sie auf die Bekömmlichkeit, und entscheiden Sie, wie Sie die Tomaten genießen möchten.

Frage: Soweit mir bekannt ist, gehört Meerrettich zu den Heilpflanzen. Warum soll in der Trennkost auf ihn verzichtet werden?

Antwort: Meerrettich zählt tatsächlich zu den Heilpflanzen, jedoch nur dann, wenn er äußerlich angewandt wird, und zwar in Form von Umschlägen bei Ischias, Rheuma oder Nervenentzündungen. Wird Meerrettich gegessen, regen seine ätherischen Öle den Appetit und die Verdauung an. In kleinen Mengen ist gegen dieses Gewürz nichts einzuwenden, doch sollte Meerrettich nicht überdosiert werden, da es sonst zu Nierenreizungen kommen kann. Nierenkranke sollten auf Meerrettich besser ganz verzichten.

Frage: Da ich bei Kuchen und anderen kohlenhydratreichen Mahlzeiten kein Eiweiß (nur das Eigelb) verwende, behalte ich häufig Eiweiß übrig. Es kostet mich immer wieder Überwindung, das Eiweiß wegzuschütten. Wie kann ich das Eiweiß denn weiterverwenden?

Antwort: Hier zwei Vorschläge zur Weiterverwendung: Unter das restliche Eiweiß je nach Geschmack weitere Eier rühren und daraus Rühreier backen oder das Eiweiß als Suppeneinlage unter eine Brühe ziehen. Hühnereiklar sollten Sie auf keinen Fall lange offen stehen lassen, da sich darin sonst Bakterien sammeln.

Wochenplan 1

MONTAG		Rezept S.
Frühstück	Paprika-Quark-Brot	69
Zwischenmahlzeit	250 ml frische Milch	
Mittagessen	Hähnchen-Gemüse-Gulasch	184
Zwischenmahlzeit	1 Scheibe Knäckebrot mit Honig	
Abendessen	Tomatensalat »Korsika«	129

DIENSTAG		
Frühstück	Grapefruitmüsli	63
Zwischenmahlzeit	Himbeermilchshake	109
Mittagessen	Zucchini-Tomaten-Gratin	237
Zwischenmahlzeit	1 Banane	
Abendessen	Pariser Kartoffelsuppe	142

MITTWOCH		
Frühstück	Obstfrühstück	81
Zwischenmahlzeit	150 g Joghurt (3,5 % Fett) und 1 Kiwi	
Mittagessen	Frikadellen mit Gemüse	187
Zwischenmahlzeit	1 Müsliriegel (ohne Zucker)	
Abendessen	Überbackener Gemüsetoast	149

DONNERSTAG		
Frühstück	Rührei mit Tomaten	80
Zwischenmahlzeit	1 Orange	
Mittagessen	Auberginenlasagne	243

		Rezept S.
Zwischenmahlzeit	150 g Sahnedickmilch	
Abendessen	Gefüllte Ofenkartoffeln	168

FREITAG

Frühstück	Apfel-Möhren-Müsli	61
Zwischenmahlzeit	Erfrischungsgetränk	110
Mittagessen	Putenspieße mit Tomaten-salat	193
Zwischenmahlzeit	1 Stück Streuselkuchen	290
Abendessen	Paprikarahmsuppe	140

SAMSTAG

Frühstück	Kräuterquark mit Kürbiskernen	77
Zwischenmahlzeit	125 g Kefir und 125 g Wein-trauben	
Mittagessen	Lachsragout	201
Zwischenmahlzeit	1 Apfel	
Abendessen	Lauchauflauf	240

SONNTAG

Frühstück	Frischkornmüsli mit Apfel und Mandeln	59
Zwischenmahlzeit	Bananenshake	108
Mittagessen	Lammkoteletts mit Majoran-böhnchen	176
Zwischenmahlzeit	1 Stück Streuselkuchen	290
Abendessen	Pizza mit Pilzen	151

Wochenplan 2

MONTAG		Rezept S.
Frühstück	Haferflocken mit Heidelbeeren	65
Zwischenmahlzeit	1 Birne	
Mittagessen	Hähnchenkeulen mit Gemüse	195
Zwischenmahlzeit	1 Stück Apfelkuchen vom Blech	281
Abendessen	Rösti mit Dillquark und Lachs	170

DIENSTAG		
Frühstück	Käsetoast mit Tomaten	70
Zwischenmahlzeit	Grapefruit mit Frischkäse	99
Mittagessen	Ratatouille mit Schafskäse	251
Zwischenmahlzeit	Studentenfutter aus: 2 EL Rosinen, 2 EL Sonnenblumenkernen und 3 Trockenpflaumen	
Abendessen	Bratkartoffeln mit Tomaten-Mozzarella-Salat	153

MITTWOCH		
Frühstück	Knusperjoghurt	74
Zwischenmahlzeit	Zucchinirohkost	86
Mittagessen	Spinat-Reis-Pfanne	224
Zwischenmahlzeit	1 Banane	
Abendessen	Kartoffelsalat »Vital«	126

DONNERSTAG		
Frühstück	Tatar von Hüttenkäse	78
Zwischenmahlzeit	1 Apfel	

		Rezept S.
Mittagessen	Bunte Würstchenspieße	186
Zwischenmahlzeit	150 g Joghurt (3,5 % Fett)	
Abendessen	Flädlesuppe	138

FREITAG

Frühstück	Honig-Quark-Toast	67
Zwischenmahlzeit	250 g Buttermilch	
Mittagessen	Matjesfilet mit grünen Bohnen	199
Zwischenmahlzeit	1 Stück Käsetorte ohne Boden	285
Abendessen	Italienischer Salat	114

SAMSTAG

Frühstück	Nuss-Birnen-Joghurt mit Kokosnuss	73
Zwischenmahlzeit	Käsehappen	91
Mittagessen	Gefüllte Zucchini aus dem Ofen	245
Zwischenmahlzeit	1 Apfel	
Abendessen	Vollkornbrot mit Obatzter	136

SONNTAG

Frühstück	Vanillequark	75
Zwischenmahlzeit	Banane mit Sahne	96
Mittagessen	Rinderrouladen mit Blattspinat	197
Zwischenmahlzeit	Mandelgebäck	303
Abendessen	Spargelcremesuppe	141

Wochenplan 3

MONTAG		Rezept S.
Frühstück	Obstfrühstück	81
Zwischenmahlzeit	Ananasdessert	267
Mittagessen	Hüftsteaks mit Grilltomaten	174
Zwischenmahlzeit	Melonencocktail	268
Abendessen	Nudelsalat mit grünem Spargel	117

DIENSTAG		
Frühstück	Apfel-Käse-Brot	68
Zwischenmahlzeit	1 Banane	
Mittagessen	Geschnetzeltes mit feinem Gemüse	191
Zwischenmahlzeit	1 Hofheimer Honigriegel	297
Abendessen	Paprikarahmsuppe	140

MITTWOCH		
Frühstück	Käsetoast mit Tomaten	70
Zwischenmahlzeit	250 g Buttermilch	
Mittagessen	Seelachs mit Blumenkohlsalat	206
Zwischenmahlzeit	1 Orange	
Abendessen	Sommersalat mit Sprossen	112

DONNERSTAG		
Frühstück	Erdbeerquark	76
Zwischenmahlzeit	1 Orange	
Mittagessen	Pikant gefüllte Pfannkuchen	247
Zwischenmahlzeit	150 g Sahnedickmilch	
Abendessen	Pellkartoffeln mit Tsatsiki	155

FREITAG		**Rezept S.**
Frühstück	Apfel-Möhren-Müsli	61
Zwischenmahlzeit	Apfelkompott	277
Mittagessen	Scharfe Spaghetti mit getrockneten Tomaten	212
Zwischenmahlzeit	Studentenfutter aus: 2 EL Sonnenblumenkernen und 3 Trockenpflaumen	
Abendessen	Zucchinigulasch	158

SAMSTAG		
Frühstück	Exotischer Porridge mit Banane	64
Zwischenmahlzeit	150 g Joghurt (3,5 % Fett) und 1 Kiwi	
Mittagessen	Knusprige Kartoffelpuffer	235
Zwischenmahlzeit	1 Apfel	
Abendessen	Gemüsepfanne mit Knoblauchtoasts	161

SONNTAG		
Frühstück	Grapefruitmüsli	63
Zwischenmahlzeit	250 ml frische Milch	
Mittagessen	Mangoldröllchen mit Kräutersauce	253
Zwischenmahlzeit	1 Stück Beerentorte	287
Abendessen	Gefüllte Ofenkartoffeln	168

Wichtige Hinweise

Hinweise zu einigen Lebensmitteln

▶ *Frutilose:* Es handelt sich hierbei um einen schonend eingedickten Obstdicksaft aus dem Reformhaus. Er zählt zur Gruppe der Kohlenhydrate, kann allerdings in kleinen Mengen auch zum Süßen von Eiweiß- oder von neutralen Gerichten verwendet werden.

▶ *Molkosan:* Das vergorene Molkekonzentrat wird mit Wasser verdünnt im Speziellen als Essigersatz und im Allgemeinen zum säuerlichen Abschmecken von Speisen verwendet.

▶ *Pflanzliche Bindemittel:* Bindemittel (zum Beispiel Nestargel und Biobin), die meist aus Johannisbrotkernmehl hergestellt werden, sind geschmacksneutral und haben wenig Kalorien. Sie erhalten sie im Reformhaus. Beachten Sie unbedingt die Dosierungs- und Handhabungsangaben der Hersteller.

▶ *Weinsteinbackpulver:* Dieses Treibmittel enthält im Gegensatz zu herkömmlichem Backpulver kein Phosphat. Was seine Verwendung und Treibfähigkeit anbelangt, ist es im Vergleich zu herkömmlichem Backpulver als gleichwertig anzusehen.

▶ *Meer- und Kräutersalz:* Beide sind herkömmlichem Haushaltssalz vorzuziehen. Meersalz enthält wertvolle Vitamine und Mineralstoffe. Kräutersalz hat nur einen reinen Kochsalzgehalt von 84 Prozent.

▶ *Reine Gemüsebrühe (aus Instantpulver):* Das Instantpulver bietet sich als Streuwürze bestens an. Außerdem können Sie daraus eine prima Suppen- oder Saucengrundlage herstellen. Reine Gemüsebrühe wird nur aus pflanzlichen Zutaten hergestellt, ist cholesterin- und glutenfrei und enthält keine gehärteten Fette.

▶ *Öle:* Empfehlenswert sind naturbelassene, unraffinierte Produkte, die reichlich mehrfach ungesättigte Fettsäuren enthalten. Verwenden Sie zum Kochen möglichst Oliven- oder Sonnenblumenöl. Auf raffinierte Öle, wie beispielsweise ganz normales Salatöl, sollten Sie verzichten.

▶ *Fette:* Butter, ungehärtetes Kokosfett oder andere ungehärtete Pflanzenfette, wie zum Beispiel Margarine aus dem Reformhaus mit einem hohen Anteil an ungesättigten Fettsäuren, sind empfehlenswert. Ihrer Kalorien wegen sollten sie jedoch nur sparsam eingesetzt werden. Die oben aufgezählten Margarinesorten dürfen nicht zu stark erhitzt werden. Bitte bei deren Verwendung unbedingt die Herstellerangaben beachten. Auf gehärtete Fette wie herkömmliche Margarinesorten, feste weiße Brat- oder Frittierfette sollten Sie unbedingt verzichten.

▶ *Frische Kräuter:* Sie spielen in den Rezepten eine ganz wesentliche geschmacksgebende Rolle. So kann meist auf Salz und immer auf Pfeffer verzichtet werden. Greifen Sie außerhalb der Saison auf das Tiefkühlangebot zurück.

▶ *Naturreis:* Ungeschälter Reis enthält im Gegensatz zu poliertem Reis mehr Ballaststoffe, Vitamine und Mineralstoffe. Sie können ihn auch ohne Einweichen als Koch- oder Quellreis zubereiten.

▶ *Eier:* Verwenden Sie nur Eier von frei laufenden Legehennen. Sie sollten stets frisch verarbeitet werden, um eine mögliche Salmonellenbelastung auszuschließen

▶ *Vollkornmehl:* Wenn Sie keine Getreidemühle besitzen, lassen Sie das Getreide im Reformhaus oder Bioladen stets frisch mahlen. Das Mehl sollte möglichst innerhalb der nächsten drei Stunden nach dem Mahlen verarbeitet werden, damit wertvolle Vitamine nicht verloren gehen.

Hinweise zu den Rezepten

▶ *Einteilung der Gerichte:* Damit Sie auf den ersten Blick erkennen, zu welcher der drei Gruppen ein jeweiliges Gericht zählt, finden Sie die jeweilige Gerichtart direkt unter dem Rezeptnamen.

▶ *Zubereitungszeit und Extrazeiten:* Die Zubereitungszeit beinhaltet sowohl die Vorbereitungszeit als auch die Gar- bzw. Backzeit. Alle Extrazeiten (zum Beispiel Zeit zum Quellen, Gehen oder Kühlen) sind immer in einer besonderen Zeile angegeben und müssen zur Zubereitungszeit hinzugerechnet werden.

▶ *Kalorienangaben:* Die Kalorienangaben (kcal) beziehen sich immer auf 1 Portion bzw. auf 1 Stück (zum Beispiel bei Kuchen und Gebäck).

▶ *Zutatenmengen:* Die Zutatenmengen beziehen sich auf die ungeputzte Rohware. Bei Stückangaben wie beispielsweise 1 Apfel oder 1 Möhre wird von einem Stück mittlerer Größe ausgegangen.

▶ *Esslöffel- und Teelöffelmengen:* Bei diesen beiden Angaben sind immer gestrichene Maße gemeint.

▶ *Gerichte kombinieren:* Wenn Sie verschiedene Gerichte zu einem Menü zusammenstellen möchten, beachten Sie bitte ihre jeweilige Gruppenzugehörigkeit. Kohlenhydratgerichte sind untereinander nach Belieben zu kombinieren. Eiweißgerichte ebenso. Neutrale Gerichte können entweder zusammen mit Kohlenhydrat- oder mit Eiweißgerichten gegessen werden.

Abkürzungen

TL	= Teelöffel	kcal	= Kilokalorien
EL	= Esslöffel	cm	= Zentimeter
g	= Gramm	max.	= maximal
	(1000 g = 1 kg)	mind.	= mindestens
kg	= Kilogramm	°C	= Grad Celsius
ml	= Milliliter	TK-...	= Tiefkühl-...
l	= Liter	Fett i. Tr.	= Fett in der
Msp.	= Messerspitze		Trockenmasse

▶ *Rezepte variieren oder selbst kreieren:* Möchten Sie Rezepte verändern oder eigene Kreationen entwickeln, beachten Sie bitte die Gruppenzugehörigkeit der zu verwendenden Lebensmittel. Ziehen Sie den Trennungsplan (S. 19) zu Rate.

▶ *Gerichte ergänzen:* Für Partner oder Familienmitglieder, die sich nicht der Trennkosternährung anschließen wollen, brauchen Sie nicht extra zu kochen. Ergänzen Sie Kohlenhydrat- oder neutrale Gerichte einfach mit Fisch oder Fleisch (ca. 150 g je Portion). Eiweiß- oder neutrale Gerichte lassen sich mit Kartoffeln, Naturreis oder Vollkornnudeln entsprechend erweitern.

REZEPTE

Frischkornmüsli mit Apfel und Mandeln

Kohlenhydratgericht

Für 1 Portion
Zubereitungszeit: ca. 10 Minuten
Quellzeit: 6–8 Stunden
ca. 450 kcal

40 g grobes Weizenschrot
$^1/_2$ EL ungeschwefelte Rosinen
1 kleiner, mürber, süßer Apfel
100 g Quark (20 % Fett i. Tr.)
50 g Joghurt (3,5 % Fett)
1 Prise Kardamompulver
1 EL Mandelstifte
1 EL Ahornsirup

1. Das Schrot in eine kleine Schüssel geben. Die Rosinen hinzufügen und etwa 75 ml Wasser angießen, sodass alles gerade bedeckt ist. Das Ganze zugedeckt mindestens 6 bis 8 Stunden im Kühlschrank quellen lassen.
2. Den Apfel waschen, trockenreiben und vierteln. Den Stiel

59

und das Kerngehäuse entfernen. Das Fruchtfleisch mit einer Reibe grob raspeln.

3. Das Schrot und die Rosinen mit Quark, Apfel, Joghurt und Kardamom vermischen und in Müslischälchen geben. Die Mandelstifte und den Ahornsirup darüber geben.

Apfel-Möhren-Müsli

Kohlenhydratgericht

Für 1 Portion
Zubereitungszeit: ca. $^1/_4$ Stunde
Quellzeit: über Nacht (ca. 8 Stunden)
ca. 400 kcal

3 EL Weizenschrot
1 EL Mandelsplitter
100 g Joghurt (3,5 % Fett)
1 kleine Möhre
$^1/_2$ mürber Apfel
1 EL abgeriebene Schale einer unbehandelten Zitrone
1 TL Honig
1 EL Rosinen

1. Den Weizenschrot knapp mit Wasser bedecken und über Nacht zugedeckt quellen lassen.
2. Am nächsten Morgen die Mandelsplitter in einer beschichteten Pfanne ohne Fett bräunen. Abkühlen lassen und grob hacken.
3. Den Weizenbrei mit dem Joghurt mischen und in eine kleine Schale füllen. Die Möhre waschen, schälen und fein

---

TIPP
Dieses Müsli ist wunderbar bekömmlich. Daher ist es allen zu empfehlen, die sonst Müsli und andere ballaststoffreiche Speisen weniger gut vertragen.

---

raspeln. Den Apfel waschen, vierteln, vom Kerngehäuse befreien und grob raspeln.

4. Die Möhren- und Apfelraspel mit der Zitronenschale und dem Honig mischen.

5. Die Möhren-Apfel-Mischung auf dem Getreidebrei anrichten. Mit den gehackten Mandeln und den Rosinen bestreut servieren.

Grapefruitmüsli

Eiweißgericht

Für 1 Portion
Zubereitungszeit: ca. 10 Minuten
ca. 340 kcal

2 EL gehackte Mandeln
1 Grapefruit
150 g Joghurt (3,5 % Fett)
1 EL Frutilose (Obstdicksaft aus dem Reformhaus)

1. Die Mandeln kurz in einer beschichteten Pfanne ohne Fettzugabe anrösten und abkühlen lassen.
2. Inzwischen die Grapefruit schälen, in Spalten teilen und diese gegebenenfalls von zu starken Trennhäuten sorgfältig befreien. Die Grapefruitfilets in eine kleine Schüssel geben.
3. Den Joghurt mit der Frutilose cremig verrühren und auf den Grapefruitfilets verteilen. Das Müsli abschließend mit den gerösteten Mandeln bestreuen.

TIPP
Statt der Grapefruit können Sie für ein Orangenmüsli eine in Filets geschnittene Orange nehmen.

Exotischer Porridge mit Banane

Kohlenhydratgericht

Für 1 Portion
Zubereitungszeit: ca. 10 Minuten
ca. 310 kcal

40 g zarte Haferflocken
1 Prise Salz
1 Msp. Ingwerpulver
$1/2$ EL Sesamsamen
75 g Dickmilch
$1/2$ TL abgeriebene Schale einer unbehandelten Zitrone
1 kleine, reife Banane
1 EL flüssiger Honig

1. Die Haferflocken zusammen mit 150 ml Wasser, dem Salz und dem Ingwerpulver in einen Topf geben und einmal aufkochen. Anschließend etwa 5 Minuten bei schwacher Hitze quellen lassen.
2. In der Zwischenzeit die Sesamsamen ohne Fett in einer beschichteten Pfanne kurz anrösten. Sie danach sofort auf einen Teller geben und auskühlen lassen.
3. Die Banane kurz vor dem Servieren schälen und in Scheiben schneiden.
4. Die gequollenen Haferflocken in eine Müslischale geben, die Dickmilch mit der Zitronenschale verrühren und hinzufügen. Die Bananenscheiben auf dem Getreidebrei anrichten und mit dem Sesam bestreuen. Alles mit dem Honig süßen.

Haferflocken mit Heidelbeeren

Kohlenhydratgericht

Für 1 Portion
Zubereitungszeit: ca. 20 Minuten
ca. 400 kcal

50 g kernige Haferflocken
80 g Sahnedickmilch
150 g frische oder TK-Heidelbeeren
1 EL Frutilose
Zimt

1. Die Haferflocken in eine kleine Schüssel geben und mit der Dickmilch verrühren.
2. Tiefgekühlte Heidelbeeren auftauen lassen. Die Früchte mit der Frutilose und etwas Zimt mischen und auf das Müsli geben.

TIPP
Wenn ein Flocker zur Verfügung steht, können Sie anstelle der Flocken auch Haferkörner quetschen. So sind noch mehr Vitamine im Hafer enthalten.

Buchweizengrütze

Kohlenhydratgericht

Für 1 Portion
Zubereitungszeit: ca. 30 Minuten
ca. 230 kcal

2 EL Buchweizengrütze
150 ml Wasser
100 g Möhren
1 TL Honig
1 EL süße Sahne (30 % Fett)

1. Die Grütze mit dem Wasser aufkochen, von der Kochstelle nehmen und etwa 20 Minuten quellen lassen.
2. Die Möhren schälen, fein raspeln und unter die Grütze rühren. Mit dem Honig und der Sahne verfeinern.

Honig-Quark-Toast

Kohlenhydratgericht

Für 1 Portion
Zubereitungszeit: ca. 5 Minuten
ca. 360 kcal

100 g Sahnequark (40 % Fett i. Tr.)
2 Scheiben Vollkorntoastbrot
1 EL flüssiger Honig
$^1/_2$ EL Sesamsamen

1. Den Quark in einer kleinen Schüssel mit einem Schneebesen cremig rühren. Das Brot toasten.
2. Die Toastbrotscheiben mit dem Quark bestreichen und den Honig darauf laufen lassen. Den Sesamsamen darauf streuen.

Apfel-Käse-Brot

Kohlenhydratgericht

Für 1 Portion
Zubereitungszeit: ca. 10 Minuten
ca. 480 kcal

1 Scheibe Vollkornbrot
2 EL Frischkäse (60 % Fett i. Tr.)
1 EL Sonnenblumenkerne
2 Blätter Kopfsalat
1 kleiner, mürber Apfel
40 g Camembert (60 % Fett i. Tr.)

1. Das Brot nach Belieben im Toaster kurz rösten, mit dem Frischkäse bestreichen und die Sonnenblumenkerne darauf streuen.
2. Die Salatblätter waschen und trockenschleudern.
3. Den Apfel waschen, trockenreiben, vierteln und das Kerngehäuse herausschneiden. Ein Apfelviertel und den Camembert in dünne Scheiben schneiden.
4. Das Brot mit den Salatblättern, den Apfelspalten und dem Käse belegen.
5. Die restlichen Apfelstücke zusammen mit dem Brot servieren.

Paprika-Quark-Brot

Kohlenhydratgericht

Für 1 Portion
Zubereitungszeit: ca. 10 Minuten
ca. 220 kcal

je $^1/_4$ rote, gelbe und grüne Paprikaschote
1 EL Quark (20 % Fett i. Tr.)
1 EL süße Sahne (30 % Fett)
1 EL gehackte, frische Kräuter (z. B. Petersilie, Schnittlauch
    und Kerbel)
Kräutersalz
edelsüßes Paprikapulver
1 Scheibe Vollkornbrot

1. Die Paprikastücke waschen, putzen und entkernen. Die rote Paprikaschote würfeln, die gelbe und die grüne in feine Streifen schneiden.
2. Den Quark mit der Sahne glatt rühren. Die roten Paprikawürfel und die Kräuter damit vermengen und alles mit etwas Kräutersalz und Paprikapulver würzen.
3. Das Brot mit dem Paprikaquark bestreichen. Die gelben und grünen Paprikastreifen darauf anrichten.

Käsetoast mit Tomaten

Kohlenhydratgericht

Für 1 Portion
Zubereitungszeit: ca. 10 Minuten
ca. 350 kcal

2 Scheiben Vollkorntoastbrot
2 TL Butter
2 Scheiben Schnittkäse (60 % Fett i. Tr.) z. B. Rahmgouda
1 Tomate
1 Frühlingszwiebel
Salz
Cayennepfeffer

1. Die Toastscheiben goldgelb toasten, mit Butter bestreichen und mit dem Käse belegen.
2. Die Tomate waschen, putzen und in Scheiben schneiden. Die Frühlingszwiebel waschen, putzen und in Ringe schneiden.
3. Tomatenscheiben und Zwiebelringe auf die Käsebrote verteilen und alles mit Salz und Pfeffer würzen.

Radieschen-Knäckebrot

Kohlenhydratgericht

Für 1 Portion
Zubereitungszeit: ca. 10 Minuten
ca. 290 kcal

2 Scheiben Vollkornknäckebrot
3 TL Butter
80 g körniger Frischkäse
$^1/_2$ Bund Radieschen
2 EL Keimlinge (z. B. Mungobohnen)

1. Die Brote zuerst mit der Butter, dann mit dem Frischkäse bestreichen.
2. Die Radieschen waschen und putzen. 3 Radieschen in Scheiben schneiden, diese auf den Frischkäse legen und die Brote mit den Keimlingen bestreuen. Die Brote mit den restlichen Radieschen garniert servieren.

TIPP
Radieschen schützen Ihre Gesundheit, denn sie enthalten reichlich Phenolsäure. Dieser sekundäre Pflanzenstoff kann der Entstehung und dem Wachstum von Krebszellen entgegenwirken.

Würziges Knäckebrot

Kohlenhydratgericht

Für 1 Portion
Zubereitungszeit: ca. 10 Minuten
ca. 200 kcal

40 g Quark (20 % Fett i. Tr.)
1 EL Mineralwasser
50 g rote Paprikaschote
15 g Bündner Fleisch
2 Scheiben Vollkornknäckebrot
2 EL Schnittlauchröllchen

1. Den Quark mit dem Mineralwasser verrühren.
2. Die Paprikaschote in feine Streifen schneiden.
3. Das Bündner Fleisch fein würfeln und mit der Paprika unter den Quark mischen. Auf die Brote streichen. Mit dem Schnittlauch bestreuen.

Nuss-Birnen-Joghurt

Eiweißgericht

Für 1 Portion
Zubereitungszeit: ca. 10 Minuten
ca. 290 kcal

125 g Sahnejoghurt
1 kleine, reife Birne
$1/2$ TL Sesamsamen
$1/2$ EL Mandelblättchen
$1/2$ EL Kokosraspeln

1. Den Joghurt in eine Schale geben.
2. Die Birne waschen, halbieren und das Kerngehäuse herausschneiden. Das Fruchtfleisch 1,5 cm groß würfeln. Anschließend auf dem Joghurt verteilen.
3. Sesamsamen, Mandelblättchen und Kokosraspel in einer Pfanne ohne Fett kurz anrösten. Die Mischung noch warm auf die Birnenwürfel geben.

Knusperjoghurt

Kohlenhydratgericht

Für 1 Portion
Zubereitungszeit: ca. 15 Minuten
ca. 300 kcal

1 Scheibe Vollkornknäckebrot
1 kleine Banane
150 g Vollmilchjoghurt
1 EL Ahornsirup
1 EL Sonnenblumenkerne

1. Das Knäckebrot in einen Plastikbeutel geben und mit dem Nudelholz zerbröckeln.
2. Die Banane schälen und in Scheiben schneiden.
3. Den Joghurt mit dem Ahornsirup glatt rühren und die Knäckebrotbrösel und die Bananenscheiben darunter mischen.
4. Den Knusperjoghurt in eine Schale geben und mit den Sonnenblumenkernen bestreuen.

TIPP
Sonnenblumenkerne sind reich an Linolsäure. Diese mehrfach ungesättigte, sogenannte Omega-6-Fettsäure fördert unsere Leistungsfähigkeit. Sie trägt unter anderem dazu bei, Allergien zu lindern.

Vanillequark

Eiweißgericht

Für 1 Portion
Zubereitungszeit: ca. 10 Minuten
ca. 230 kcal

2 Nektarinen oder Pfirsiche
5 EL Quark (20 % Fett)
einige Tropfen Zitronensaft
1 Msp. Vanillemark
1 EL gehackte Haselnüsse

1. Die Nektarinen oder die Pfirsiche waschen, halbieren, entsteinen und in Spalten schneiden. Einige davon für die Dekoration beiseite legen.
2. Das Obst mit dem Quark mischen und alles mit einem Schneidstab fein pürieren. Den Quark mit Zitronensaft und Vanillemark abschmecken.
3. Den Quark in ein Schälchen geben und mit den restlichen Obstspalten dekorieren. Die Nüsse darauf streuen.

Erdbeerquark

Eiweißgericht

Für 1 Portion
Zubereitungszeit: ca. 10 Minuten
ca. 300 kcal

200 g Erdbeeren
150 g Quark (10 % Fett i. Tr.)
1 EL süße Sahne (30 % Fett)
1 EL Frutilose (Obstdicksaft aus dem Reformhaus)
1 EL gehackte, ungesalzene Pistazienkerne

1. Die Erdbeeren waschen und putzen. Die Hälfte im Mixer pürieren. Die restlichen Früchte beiseite stellen.
2. Den Quark mit der Sahne, dem Erdbeerpüree und der Frutilose glatt rühren.
3. Die restlichen Erdbeeren in Scheiben schneiden und auf dem Quark anrichten. Das Ganze mit den Pistazien bestreuen.

Variation
Außerhalb der Erdbeersaison können Sie für dieses Eiweiß-Frühstück auch Weintrauben, Orangen oder Ananas verwenden.

Kräuterquark mit Kürbiskernen

Kohlenhydratgericht

Für 1 Portion
Zubereitungszeit: ca. 10 Minuten
ca. 330 kcal

100 g Quark (20 % Fett i. Tr.)
3 EL Mineralwasser
etwas Meersalz
3 EL fein gehackte Kräuter
1 Scheibe Vollkornbrot
1 TL Butter
1 EL Kürbiskerne

1. Den Quark mit dem Mineralwasser glatt rühren und salzen, dann die Kräuter untermischen.
2. Das Brot mit der Butter bestreichen. Den Quark auf dem Brot verteilen und zum Schluss mit den Kürbiskernen bestreuen.

Tatar von Hüttenkäse

Neutrales Gericht

Für 1 Portion
Zubereitungszeit: ca. 10 Minuten
ca. 200 kcal

$^1/_4$ rote Paprikaschote
1 kleines Stück Salatgurke
4 Radieschen
2 Zweige Dill
etwas Meersalz
150 g Hüttenkäse

1. Paprika, Gurke und Radieschen putzen, waschen, trockentupfen und in sehr kleine Würfel schneiden. Den Dill waschen, trockentupfen und fein hacken.
2. Die Gemüsewürfel in eine kleine Schüssel geben und leicht salzen. Anschließend den Hüttenkäse untermischen.
3. Das Tatar auf einem Teller verteilen und mit dem gehackten Dill garnieren.

TIPP
Fettarmer Hüttenkäse belastet den Körper nicht zu stark mit Verdauungsarbeit, daher macht der Snack auch nicht schlapp und müde. Falls Sie einen Energieschub brauchen, essen Sie noch 1 Scheibe Vollkornbrot dazu, dann wird dieses neutrale Gericht zum Kohlenhydratgericht.

Kräuterrühreier

Eiweißgericht

Für 1 Portion
Zubereitungszeit: ca. 5 Minuten
ca. 260 kcal

$^1/_2$ kleine Zwiebel
1 EL Butter
2 Eier (Gewichtsklasse M)
weißer Pfeffer
etwas Salz
2 EL Milch
3 EL fein gewiegte Kräuter (Petersilie, Kerbel, Schnittlauch)

1. Die Zwiebelhälfte schälen und fein würfeln.
2. In einer beschichteten Pfanne die Butter schmelzen und die Zwiebelwürfel darin glasig dünsten.
3. Die Eier in ein Rührgefäß schlagen, mit einem Schneebesen gut verquirlen, Pfeffer, Salz und Milch unterrühren und das Ganze in die Pfanne gießen.
4. Die Kräuter darüber streuen, die Eiermasse bei milder Hitze stocken lassen, etwas zusammenschieben, wenden und fertig backen.

Rührei mit Tomaten

Eiweißgericht

Für 1 Portion
Zubereitungszeit: ca. 15 Minuten
ca. 250 kcal

$^1/_2$ Zwiebel
1 Fleischtomate
1 TL kaltgepresstes Sonnenblumenöl
2 Eier (Gewichtsklasse M)
etwas Kräutersalz
2 EL Schnittlauchröllchen

1. Die Zwiebel schälen und fein würfeln. Die Tomate waschen, trockentupfen, vom Stielansatz befreien und in Scheiben schneiden.
2. Das Öl in einer Pfanne erhitzen und die Zwiebelwürfel darin glasig dünsten.
3. Die Eier in einer Schüssel gründlich verquirlen, mit Kräutersalz würzen und zu den Zwiebeln geben. Die Eier bei schwacher Hitze unter Rühren stocken lassen. Das Rührei mit den Tomatenscheiben und den Schnittlauchröllchen garniert servieren.

TIPP
Starke Nerven und viel Denkarbeit brauchen den Nervenbotenstoff Cholin. Im Eigelb ist er reichlich enthalten. Gönnen Sie sich daher ab und zu ein Ei!

Obstfrühstück

Eiweißgericht

Für 1 Portion
Zubereitungszeit: ca. 5 Minuten
ca. 80–130 kcal

250 g frisches Obst der Saison (z. B. Ananas, Orangen, Mango, Äpfel, Birnen, Erdbeeren)

1. Das Obst waschen, putzen, eventuell schälen und nach Belieben in mundgerechte Stücke schneiden.

Apfelbrei mit Joghurt

Kohlenhydratgericht

Für 1 Portion
Zubereitungszeit: ca. 25 Minuten
ca. 290 kcal

2–3 mürbe, süße Äpfel (z. B. Cox Orange)
1 kleine Stange Zimt
1 EL Frutilose (Obstdicksaft aus dem Reformhaus)
100 g Joghurt (3,5 % Fett)
1 TL Sonnenblumenkerne

1. Die Äpfel schälen, vierteln und die Kerngehäuse sorgfältig entfernen.
2. Die Apfelstücke zusammen mit etwa 75 ml Wasser in einen Topf geben. Die Zimtstange hinzufügen, alles aufkochen und etwa 10 Minuten köcheln lassen. Die Zimtstange danach herausnehmen.
3. Dann die Äpfel mitsamt der Garflüssigkeit fein zerstampfen und mit dem Schneebesen locker aufschlagen. Das Kompott mit der Frutilose süßen.
4. Den Joghurt cremig rühren und in eine kleine Schale geben. Den Apfelbrei darauf verteilen und alles mit den Sonnenblumenkernen bestreuen.

TIPP
Das Apfelkompott passt solo sehr gut zu Pfannkuchen oder als Dessert nach einer Kohlenhydratmahlzeit.

Bunter Obstsalat mit Frischkäsesauce

Eiweißgericht

Für 1 Portion
Zubereitungszeit: ca. 10 Minuten
ca. 210 kcal

$^1/_8$ Netzmelone
$^1/_2$ Birne
100 g Erdbeeren
1 EL Doppelrahmfrischkäse (60 oder 70 % Fett i. Tr.)
1 EL Joghurt (3,5 % Fett)
etwas abgeriebene Schale einer unbehandelten Orange
1 TL Ahornsirup

1. Die Melonenspalte schälen, die Kerne entfernen und das Fruchtfleisch würfeln. Die Birne schälen, das Kerngehäuse entfernen und die Stücke in kleine Scheiben schneiden.
2. Die Erdbeeren waschen und verlesen, dann halbieren oder vierteln. Das Obst mischen.
3. Den Frischkäse zusammen mit dem Joghurt, der Orangenschale und dem Ahornsirup glatt rühren und als Klecks auf den Obstsalat geben.

TIPP
Reife Zuckermelonen erkennen Sie am fein-aromatischen Duft und an der Druckstelle an der Unterseite der Frucht; sie muss nachgeben.

Kefir-Beeren-Speise

Eiweißgericht

Für 1 Portion
Zubereitungszeit: ca. 20 Minuten
ca. 160 kcal

je 60 g frische Himbeeren und rote Johannisbeeren
125 g frische Erdbeeren
150 g Kefir (3,5 % Fett)
1 1/2 EL Frutilose (Obstdicksaft aus dem Reformhaus)
2 EL Sonnenblumenkerne
1 EL gehackte Mandeln
1/2 EL frisch gehackte Zitronenmelisse

1. Die Beeren verlesen, putzen, waschen, gut abtropfen lassen und in ein Dessertschüsselchen geben. Die Erdbeeren zuvor halbieren oder vierteln.
2. Den Kefir mit der Frutilose süßen. Über die Beeren gießen.
3. Die Kefirspeise mit den Sonnenblumenkernen, den gehackten Mandeln sowie mit der Melisse bestreuen.

TIPPS
Nehmen Sie statt Kefir mal die gleiche Menge Vollmilchjoghurt, Sahnedickmilch oder eine Buttermilch mit Butterflocken (maximal 1 % Fett).
Je nach Saison bietet sich auch anderes Beerenobst an, z. B. Stachelbeeren, Brombeeren oder Heidelbeeren.

Möhrenrohkost

Eiweißgericht

Für 1 Portion
Zubereitungszeit: ca. 15 Minuten
ca. 140 kcal

2 EL Zitronensaft
$^1/_2$ TL Meersalz
1 TL Frutilose (Obstdicksaft aus dem Reformhaus)
1 TL kaltgepresstes Sonnenblumenöl
3 EL Wasser
150 g Möhren
1 kleiner, junger Kohlrabi
einige Basilikumblättchen

1. Aus Zitronensaft, Salz, Frutilose und Öl eine Marinade rühren und diese mit dem Wasser verdünnen.
2. Möhren und Kohlrabi schälen und jeweils grob raspeln.
3. Die Rohkost mit der Marinade verrühren und mit den Basilikumblättchen garnieren.

Variation
Wenn Sie es etwas fruchtiger mögen, können Sie zusätzlich noch einen halben säuerlichen Apfel raspeln und unter das Gemüse mischen.

Zucchinirohkost

Neutrales Gericht

Für 1 Portion
Zubereitungszeit: ca. 10 Minuten
ca. 190 kcal

1 kleine Zucchini (ca. 150 g)
1 EL kaltgepresstes Distelöl
50 g Joghurt (3,5 % Fett)
$1/2$ TL abgeriebene Schale von 1 unbehandelten Zitrone
1 EL fein gehackter Dill
$1/4$ TL Kräutersalz

1. Die Zucchini waschen, putzen und in feine Stifte schneiden.
2. Das Öl mit dem Joghurt, der Zitronenschale sowie dem Dill verrühren und mit Kräutersalz abschmecken.
3. Die Zucchinistifte erst kurz vor dem Verzehr mit der Sauce mischen.

TIPP
Für den kleinen Hunger zwischendurch am Arbeitsplatz ist die Rohkost bestens geeignet. Verpacken Sie die Zucchinistifte und die Sauce getrennt, und mischen Sie beides erst kurz vor dem Essen.

Melonen-Käse-Salat

Eiweißgericht

Für 1 Portion
Zubereitungszeit: ca. 30 Minuten
Kühlzeit: ca. 1 Stunde
ca. 310 kcal

$^1/_2$ Netzmelone
1 kleiner, fester, säuerlicher Apfel
1 EL Zitronensaft
25 g Rosinen
30 g Gouda
50 ml frisch gepresster Orangensaft
einige Minzeblättchen zum Garnieren

1. Die Melone halbieren, entkernen und das Fruchtfleisch mit einem Kugelausstecher herauslösen. Die Melonenschalen aufbewahren.
2. Den Apfel gründlich waschen, vierteln, entkernen, das Fruchtfleisch grob würfeln und mit dem Zitronensaft beträufeln.
3. Die Rosinen mit kochendem Wasser überbrühen und 5 Mi-

> **TIPP**
> Damit die Melonenhälfte besser steht, sollten Sie den Boden gerade schneiden.
> Melonen sind reich an Carotinoiden. Diese schützen vor Hautschäden durch Sonnenstrahlung.

nuten quellen lassen. Anschließend in ein Sieb geben und gut abtropfen lassen.

4. Den Käse in dünne Stifte schneiden. Alle Zutaten miteinander mischen, mit dem Orangensaft übergießen und das Ganze in eine Melonenhälfte füllen. Den Salat mit den Minzeblättchen garnieren und gekühlt servieren.

Ei mit Alfalfa und Radieschen

Eiweißgericht

Für 1 Portion
Zubereitungszeit: ca. 45 Minuten
ca. 145 kcal

6 Radieschen
1 Ei (Gewichtsklasse M)
5 g Butter als Flöckchen
Salz
Cayennepfeffer
1 EL Alfalfa (Luzernesprossen)
1 EL Sonnenblumenkerne

1. Die Radieschen putzen, waschen, in Scheiben schneiden und auf einen Teller legen.
2. Das Ei wachsweich kochen, dann pellen. Es in ein Schälchen legen, mit einem spitzen Messer oben etwas aufschneiden und das Butterflöckchen darauf setzen.
3. Das Ei mit Salz und Pfeffer würzen und mit dem Alfalfa sowie den Sonnenblumenkernen bestreuen. Dazu die Radieschen anrichten.

Mozzarella-Brötchen

Kohlenhydratgericht

Für 1 Portion
Zubereitungszeit: ca. 5 Minuten
ca. 370 kcal

1 Vollkornbrötchen
2 TL weiche Butter
1 Fleischtomate
75 g Mozzarella
5 Blättchen Basilikum

1. Die Brötchen aufschneiden und die unteren Hälften mit der Butter bestreichen.
2. Die Tomate waschen, trockentupfen, vom Stielansatz befreien, 3 Scheiben davon abschneiden und auf die unteren Brötchenhälften legen.
3. Den Mozzarella in Scheiben schneiden und auf die Tomaten geben. Das Basilikum waschen und trockentupfen.
4. Anschließend die belegten Hälften mit den Basilikumblättchen garnieren und die oberen Hälften darauf setzen. Die restliche Tomate in Stücke schneiden und zusammen mit den Brötchen anrichten.

TIPP

Dolce Vita in Italien dank Basilikum? Nicht ganz falsch, denn seine ätherischen Öle wirken gegen Nervosität, helfen bei Angstzuständen und sorgen für mehr Gelassenheit.

Käsehappen

Kohlenhydratgericht

Für 1 Portion
Zubereitungszeit: ca. 10 Minuten
ca. 480 kcal

1¹/₂ Scheiben eckiges Vollkornbrot
3 TL weiche Butter
6 Gurkenscheiben
60 g Camembert (60 % Fett i. Tr.)
1 kleines Bund Schnittlauchröllchen

1. Die Brotscheiben in 6 Quadrate schneiden.
2. Die 6 Brotscheiben mit der Butter bestreichen und mit den Gurkenscheiben belegen. Dann den Käse in Scheiben schneiden, auf den Gurken verteilen und alles mit dem Schnittlauch bestreuen.

TIPP
Gibt es etwas Hinderlicheres fürs Denken als Hunger? Daher sollten Sie auch als »Schreibtischtäter« ab und zu einen Snack mit fettreichem Käse genießen. Denn das Fett verweilt länger im Magen und sorgt für eine lang anhaltende Sättigung.

Fischhäppchen

Neutrales Gericht

Für 1 Portion
Zubereitungszeit: ca. 25 Minuten

1 Stück Salatgurke (ca. 6 cm)
Meersalz
$1/2$ rote Paprikaschote
$1/2$ EL kaltgepresstes Sonnenblumenöl
2 Matjesfilets
einige Zweige Dill

1. Die Gurke schälen, der Länge nach halbieren und die Kerne mit einem Löffel herausschaben. Das Fruchtfleisch in 4 gleich große Stücke schneiden und leicht salzen.
2. Die Paprikaschote putzen, entkernen, waschen, trockentupfen und anschließend ebenfalls in 4 mundgerechte Stücke schneiden. Das Öl in einer Pfanne erhitzen, die Paprikastücke darin im eigenen Saft bissfest andünsten und abkühlen lassen.
3. Die Matjesfilets kurz mit kaltem Wasser abbrausen, trockentupfen und in 4 Stücke schneiden.

TIPP
Jodmangel macht schlapp, denn die Schilddrüse benötigt es zur Bildung von stoffwechselregulierenden Hormonen, die den Kohlenhydrat-, Fett- und Eiweißstoffwechsel stimulieren. Wie alle Seefische enthält der Matjes reichlich Jod.

---

4. Dann den Fisch auf die Paprikastücke legen und das Ganze mit einem Zahnstocher auf den Gurkenstücken befestigen. Den Dill waschen, trockenschütteln, die harten Stiele abschneiden und die Fischhäppchen mit Dillfähnchen garnieren.

Champignon-Radieschen-Quark mit Kresse

Neutrales Gericht

Für 1 Portion
Zubereitungszeit: ca. 15 Minuten
ca. 310 kcal

150 g Quark (20 % Fett i. Tr.)
2 EL Joghurt (3,5 % Fett)
etwas Meersalz
$1/4$ TL Rosenpaprika
3 Champignons
4 Radieschen
$1/2$ Kästchen Kresse
100 g Cocktailtomaten

1. Den Quark mit dem Joghurt in eine Schüssel geben und glatt rühren. Mit Meersalz und Rosenpaprika kräftig würzen.
2. Die Champignons trocken abreiben und putzen. Die Radieschen waschen und putzen. Beides in dünne Scheiben schneiden und unter den angerührten Quark heben.

TIPPS
Sie können zu diesem Gericht Vollkornbrot essen, dann gehört es zur Kohlenhydratgruppe.
Servieren Sie 1 gekochtes Ei dazu, dann gehört das Ganze zur Eiweißgruppe.

3. Die Kresse kurz abspülen und mit einer Haushaltsschere oder einem Messer abschneiden. Den Quark auf einen Teller geben und die Kresse dekorativ daneben anrichten. Die Tomaten waschen, halbieren und neben der Kresse verteilen.

Banane mit Sahne

Kohlenhydratgericht

Für 1 Portion
Zubereitungszeit: ca. 15 Minuten
ca. 200 kcal

1 vollreife Banane
1 TL Butter
1 TL Mandelblättchen
2 EL süße Sahne (30 % Fett)

1. Die Banane schälen und der Länge nach halbieren.
2. Die Butter in einer Pfanne schmelzen lassen, die Banane darin kurz anbraten.
3. Die Mandelblättchen dazugeben und kurz mitrösten.
4. Die Banane auf einem Dessertteller anrichten, mit der geschlagenen Sahne garnieren und mit den Mandelblättchen bestreut servieren.

Heidelbeer-Vanille-Dickmilch

Neutrales Gericht

Für 1 Portion
Zubereitungszeit: ca. 5 Minuten
ca. 200 kcal

50 g Heidelbeeren (ersatzweise TK-Beeren)
$^1/_2$ Vanilleschote
125 g Dickmilch
2 EL saure Sahne
1 EL Frutilose (Obstdicksaft aus dem Reformhaus)
2 Zitronenmelisseblättchen

1. Die Heidelbeeren waschen und verlesen. Tiefgekühlte Früchte antauen lassen. Die Vanilleschote der Länge nach aufschneiden und das Mark herauskratzen. Die Dickmilch mit der sauren Sahne, dem Vanillemark und der Frutilose verrühren.

2. Die Hälfte der Dickmilch in ein Glasschälchen geben. Die Heidelbeeren darauf verteilen und die restliche Dickmilch darauf gießen. Die Süßspeise mit der Zitronenmelisse garnieren.

Marinierte Erdbeeren mit Sahnedickmilch

Eiweißgericht

Für 1 Portion
Zubereitungszeit: ca. 10 Minuten
ca. 270 kcal

200 g Erdbeeren
2 EL Ahornsirup
100 g Sahnedickmilch

1. Die Erdbeeren waschen, putzen, klein schneiden und in ein Schälchen geben. Mit dem Ahornsirup beträufeln und etwas ziehen lassen.
2. Die Sahnedickmilch mit dem Schneebesen cremig schlagen und dann sorgfältig unter die Erdbeeren rühren.

Grapefruit mit Frischkäse

Eiweißgericht

Für 1 Portion
Zubereitungszeit: ca. 10 Minuten
ca. 150 kcal

$^1/_2$ rosa Grapefruit
$^1/_2$ EL Frutilose
75 g körniger Frischkäse
2 Minzeblättchen

1. Die Grapefruit halbieren. Mit einem scharfen Messer an den Zwischenhäuten einschneiden und das Fruchtfleisch herauslösen. Größere Stücke klein schneiden.
2. Den Saft auffangen, in der Schale verbliebenes Fruchtfleisch auspressen und den Saft mit der Frutilose mischen.
3. Den Frischkäse mit dem gesüßten Saft verrühren und die Grapefruitstücke darunter ziehen.
4. Fruchtreste aus den Grapefruithälften entfernen, sie mit der Frischkäsemischung füllen und mit den Minzeblättchen dekorieren.

Rosinenjoghurt

Kohlenhydratgericht

Für 1 Portion
Zubereitungszeit: ca. 5 Minuten
ca. 280 kcal

2 EL Rosinen
1 EL Ahornsirup
150 g Joghurt (3,5 % Fett)

1. Die Rosinen heiß waschen. Zusammen mit dem Ahornsirup und dem Joghurt vermischen.

Birnenjoghurt

Eiweißgericht

Für 1 Portion
Zubereitungszeit: ca. 5 Minuten
ca. 430 kcal

100 g Joghurt (3,5 % Fett)
100 g Quark (20 % Fett i. Tr.)
2 EL Ahornsirup
1 EL gemahlene Haselnüsse
1 weiche Birne

1. Den Joghurt mit Quark, Ahornsirup und Haselnüssen verrühren.
2. Die Birne waschen, achteln und das Kerngehäuse entfernen. Die Achtel in kleine Stücke schneiden.
3. Die Birnenstücke unter den Joghurt rühren.

Joghurt mit Radieschen

Neutrales Gericht

Für 1 Portion
Zubereitungszeit: ca. 10 Minuten
ca. 140 kcal

150 g Radieschen
175 g Joghurt (3,5 % Fett)
etwas Meersalz
1 Zweig Petersilie

1. Die Radieschen putzen, waschen, trockenreiben, fein raspeln und zusammen mit dem Joghurt mischen.
2. Das Ganze mit Salz abschmecken und zum Schluss mit der Petersilie garnieren.

Pikanter Knusperjoghurt

Kohlenhydratgericht

Für 1 Portion
Zubereitungszeit: ca. 10 Minuten
ca. 360 kcal

2 Scheiben Vollkornknäckebrot
150 g Sahnejoghurt
etwas Kräutersalz
3 EL fein gehackte, gemischte Kräuter (z. B. Sauerampfer,
    Pimpinelle, Kerbel)
2 EL geschälte Kürbiskerne
2 EL Schnittlauchröllchen

1. Das Vollkornknäckebrot mehrmals durchbrechen. In eine Plastiktüte geben, diese verschließen und das Brot mit dem Nudelholz mittelfein zerdrücken.
2. Den Joghurt mit dem Kräutersalz verrühren und die gehackten Kräuter darunter mischen.
3. Die Knäckebrotbrösel in ein Schälchen geben und den Joghurt darauf gießen. Mit den Kürbiskernen und den Schnittlauchröllchen bestreuen.

TIPP

Den pikanten Joghurt sollten Sie frisch verzehren, denn mit der Zeit wird das Brot weich und der Joghurt verliert sein Knuspern.

Apfelquark mit gerösteten Mandeln

Eiweißgericht

Für 1 Portion
Zubereitungszeit: ca. 15 Minuten
ca. 410 kcal

3 EL Mandelblättchen
1 großer säuerlicher Apfel
2 EL Zitronensaft
125 g Quark (20 % Fett i. Tr.)
40 ml Mineralwasser
1–2 EL Frutilose (Obstdicksaft aus dem Reformhaus) oder
  Ahornsirup

1. Die Mandelblättchen ohne Fettzugabe in einer beschichteten Pfanne goldgelb rösten. Dann beiseite stellen.
2. Den Apfel waschen und auf der Rohkostreibe so weit reiben, dass nur noch das Kerngehäuse übrig bleibt. Sofort mit dem Zitronensaft beträufeln.
3. Den Quark mit dem Mineralwasser cremig rühren und mit der Frutilose süßen. Mit dem geriebenen Apfel mischen und mit den Mandelblättchen bestreuen.

TIPP
Der Quark schmeckt auch gut mit einer geriebenen Birne.

Orangenquark mit Kokosraspeln

Eiweißgericht

Für 1 Portion
Zubereitungszeit: ca. 15 Minuten
ca. 450 kcal

2 Orangen
125 g Quark (20 % Fett i. Tr.)
1 EL Rosinen
1–2 EL Ahornsirup
1 Msp. Zimtpulver
2 TL Kokosraspel

1. Eine Orange auspressen und den Saft mit dem Quark glatt rühren.
2. Die zweite Orange sorgfältig schälen und dabei die weiße Haut vollständig entfernen. Die Filets aus den Zwischenhäuten herausschneiden und quer halbieren.
3. Die Rosinen kalt abspülen und gut trockentupfen. Orangenfilets und Rosinen locker unter den Quark heben.
4. Den Quark mit dem Ahornsirup süßen, in ein Schälchen geben und mit dem Zimt bestäuben. Die Kokosraspel darauf streuen.

Grapefruitsalat mit Joghurtsauce

Eiweißgericht

Für 1 Portion
Zubereitungszeit: ca. 10 Minuten
ca. 370 kcal

2 EL gehackte Mandeln
1 Grapefruit
150 g Joghurt (3,5% Fett)
50 ml frisch gepresster Orangensaft
1 EL Frutilose

1. Die Mandeln in einer beschichteten Pfanne ohne Fettzugabe kurz anrösten und abkühlen lassen.
2. Inzwischen die Grapefruit schälen, in Spalten teilen und diese gegebenenfalls von zu dicken Trennhäuten sorgfältig befreien. Die Grapefruitfilets in 2 kleine Schüsseln verteilen.
3. Den Joghurt mit dem Orangensaft und der Frutilose cremig verrühren und die Sauce über die Grapefruitfilets geben. Das Ganze mit den gerösteten Mandeln bestreut servieren.

Orangenbecher mit Zitronensauce

Eiweißgericht

Für 1 Portion
Zubereitungszeit: ca. 15 Minuten
ca. 360 kcal

2 große, saftige Orangen
150 g Sahnejoghurt
1 EL Zitronensaft
2 TL Frutilose
5 Blättchen Zitronenmelisse

1. Die Orangen sorgfältig schälen. Das Fruchtfleisch in kleine Würfel schneiden und in einem Becher verteilen.
3. Aus Joghurt, Zitronensaft und Frutilose eine Sauce rühren und über die Fruchtstücke gießen.
4. Die Zitronenmelisse waschen, trockentupfen, fein hacken und die Orangenbecher damit garnieren.

TIPP

Orangen und Zitronen sind wahre Vitamin-C-Bomben! Dadurch stärken sie nicht nur das Immunsystem, sondern geben auch dem Gehirn Power, denn Vitamin C fördert die Weiterleitung von Informationen in den Nervenbahnen.

Bananenshake

Kohlenhydratgericht

Für 1 Portion
Zubereitungszeit: ca. 5 Minuten
ca. 240 kcal

1 kleine, reife Banane
1 EL Ahornsirup
200 ml kalte Buttermilch
1 EL geschlagene Sahne
einige Minzeblättchen zum Garnieren

1. Die Banane schälen, in Stücke schneiden und zusammen mit dem Ahornsirup und der Buttermilch mit dem Schneidstab pürieren.
2. Die Bananenmilch in ein großes Glas füllen, je 1 Sahnetupfer darauf setzen und die Drinks mit den Minzeblättchen garnieren.

TIPP
Eine reife Banane erkennen Sie an den kleinen braunen Punkten auf der Schale. Bananen sollten übrigens nicht im Kühlschrank aufbewahrt werden.

Himbeermilchshake

Eiweißgericht

Für 1 Portion
Zubereitungszeit: ca. 10 Minuten
ca. 180 kcal

60 g frische Himbeeren
200 ml Milch
1 TL Honig
1 TL Zitronensaft

1. Die Himbeeren verlesen, waschen und in ein hohes Gefäß geben.
2. Die Milch dazugießen und mit dem Honig süßen. Zum Schluss den Zitronensaft hinzufügen.
3. Die Himbeermilch mit dem Schneidstab pürieren und in ein großes Glas füllen. Gekühlt servieren.

Variation
Milch mit 1 EL Sanddornsaft und 1 TL Zitronensaft mixen. Keinen Honig hinzufügen.
Der Shake lässt sich mit Sahne noch verfeinern. Dazu nehmen Sie 200 ml Milch und 2 EL Sahne.

Erfrischungsgetränk

Kohlenhydratgericht

Für 1 Portion
Zubereitungszeit: ca. 10 Minuten
ca. 280 kcal

125 g Sahnedickmilch
$^1/_8$ l Bier
1 EL Pflaumenmus
1 TL Honig

1. Im Mixer oder mit dem Schneebesen die Sahnedickmilch, das Bier und das Pflaumenmus zu einer schaumigen Masse verschlagen.
2. Mit dem Honig süßen und kalt stellen.

Möhrenbuttermilch

Neutrales Gericht

Für 1 Portion
Zubereitungszeit: ca. 10 Minuten
ca. 160 kcal

1 Möhre
2 TL Honig
200 ml Buttermilch

1. Die Möhre putzen, schaben, waschen und in grobe Stücke schneiden.
2. Dann die Möhrenstücke zusammen mit dem Honig und der Buttermilch im Mixer pürieren. Zum Schluss die Möhrenbuttermilch in ein Glas füllen und kalt servieren.

Sommersalat mit Sprossen

Neutrales Gericht

Für 2 Portionen
Zubereitungszeit: ca. 25 Minuten
ca. 210 kcal

$^1/_2$ Salatgurke
1 kleine Zwiebel
3 Tomaten
150 g Mungo- oder Sojabohnensprossen
6 EL TK-Maiskörner
150 g Sahnedickmilch
2 TL vergorenes Molkekonzentrat (Molkosan)
1 TL Currypulver
1 TL Kräutersalz
3 kleine Dillzweige

1. Die Gurke schälen, längs vierteln und in Stücke schneiden.
2. Die Zwiebel schälen und in Ringe schneiden.
3. Die Stielansätze der Tomaten entfernen und das Fruchtfleisch würfeln.
4. Die Mungo- oder Sojabohnensprossen gut waschen, abtropfen lassen und zusammen mit den aufgetauten Maiskörnern zur Gurke geben.
5. Die Zwiebelringe und Tomatenstückchen darunter mischen.
6. Nun die Sahnedickmilch glatt rühren und mit 3 Esslöffeln Wasser verdünnen.
7. Das Molkekonzentrat, den Curry und das Kräutersalz hineinrühren, die Sauce über die Salatzutaten gießen und alles mit Dill garnieren.

Blumenkohlsalat

Neutrales Gericht

Für 2 Portionen
Zubereitungszeit: ca. 25 Minuten
ca. 200 kcal

600 g Blumenkohl
1 TL Meersalz
1 Zwiebel
2 EL kaltgepresstes Sonnenblumenöl
2 EL vergorenes Molkekonzentrat (Molkosan)
1 $^1/_2$ TL Kräutersalz
4 EL saure Sahne
1 TL Paprikapulver, edelsüß

1. Den Blumenkohl putzen, waschen und in kleine Röschen teilen. Das Gemüse in leicht gesalzenem Wasser in 15 bis 18 Minuten garen. Die Röschen aus dem Wasser nehmen und abkühlen lassen.
2. Inzwischen für die Sauce die Zwiebel schälen, sehr fein würfeln und mit dem Sonnenblumenöl, dem Molkekonzentrat und 160 ml Wasser verrühren. Das Kräutersalz unter die Sauce rühren und alles mit der sauren Sahne verfeinern.
3. Die Sauce über den Blumenkohl gießen und zum Schluss mit einem Teelöffel Paprikapulver bestäuben.

Italienischer Salat

Neutrales Gericht

Für 2 Portionen
Zubereitungszeit: ca. 30 Minuten
ca. 145 kcal

1 kleiner Eisbergsalat
3 Tomaten
1 Zwiebel
1 Salatgurke
$1^1/_2$ EL vergorenes Molkekonzentrat (Molkosan)
1 EL kaltgepresstes Olivenöl
$1^1/_2$ TL Kräutersalz
10 in Öl mit Knoblauch eingelegte Oliven
4 EL gehackte Kräuter (Dill, Basilikum, Petersilie)

1. Den Eisbergsalat putzen und die Blätter in Stücke zupfen.
2. Die Stielansätze der Tomaten entfernen und das Fruchtfleisch in kleine Würfel schneiden.
3. Die Zwiebel schälen, in dünne Ringe schneiden und diese kurz mit kochendem Wasser überbrühen.
4. Die Gurke schälen, längs vierteln, entkernen und in etwa 1 cm dicke Stücke schneiden. Alle vorbereiteten Zutaten mischen.
5. Für die Sauce das Molkekonzentrat mit 200 ml Wasser verdünnen. Dann zuerst das Kräutersalz und anschließend das Olivenöl hineinrühren.
6. Die Oliven zu den Salatzutaten geben, die Sauce darunter heben und den Salat mit den Kräutern bestreuen.

Mexikanischer Bohnensalat

Neutrales Gericht

Für 2 Portionen
Zubereitungszeit: ca. $^3/_4$ Stunde
Marinierzeit: ca. 30 Minuten

350 g geputzte grüne Bohnen
etwas Meersalz
1 Zweig Bohnenkraut
3 Tomaten
100 g Champignons
2 kleine Schalotten
2 TL vergorenes Molkekonzentrat (Molkosan)
1 EL kaltgepresstes Sonnenblumenöl
50 g süße Sahne (30% Fett)
etwas Kräutersalz
3 EL Schnittlauchröllchen
100 g TK-Maiskörner

1. Die Bohnen in etwa 4 cm lange Stücke schneiden. Diese in leicht gesalzenem Wasser zusammen mit dem Bohnenkraut in etwa 18 Minuten garen.
2. Inzwischen die Stielansätze der Tomaten entfernen. Das Fruchtfleisch in Stücke schneiden.
3. Die Champignons mit einem feuchten Tuch abreiben und in dünne Scheiben schneiden. Nun die Schalotten schälen und fein würfeln.
4. Das Molkekonzentrat mit 100 ml Wasser verrühren. Das Öl und die Sahne unterschlagen. Mit Kräutersalz und Schnittlauchröllchen würzen.

5. Nun die Bohnen abgießen und abtropfen lassen. Alle vorbereiteten Zutaten und den aufgetauten Mais vorsichtig
   mischen und die Salatsauce darunter ziehen. Den Salat etwa 30 Minuten lang durchziehen lassen.

Nudelsalat mit grünem Spargel

Kohlenhydratgericht

Für 2 Portionen
Zubereitungszeit: ca. 20 Minuten
ca. 280 kcal

300 g grüner Spargel
1 TL Meersalz
200 g Kirschtomaten
10 Basilikumblättchen
2 EL Doppelrahmfrischkäse
4 EL Joghurt (3,5 % Fett)
1 TL Kräutersalz
200 g gekochte, kleine Vollkornnudeln (entspricht ca. 80 g
   Rohgewicht)

1. Den Spargel waschen und eventuell die Enden abschneiden. Die Stangen schräg in ungefähr 3 cm lange Stücke
   schneiden und in reichlich leicht gesalzenem Wasser bissfest kochen.
2. Inzwischen die Tomaten waschen. Die Basilikumblättchen
   waschen, trockentupfen und in Streifen schneiden.
3. Für die Sauce den Frischkäse mit dem Joghurt und dem
   Kräutersalz verrühren und das Basilikum dazugeben.

TIPP
Diesen Salat können Sie auch als Mahlzeit am Arbeitsplatz
einplanen.

4. Die Spargelstücke abtropfen und abkühlen lassen. Spargel, Nudeln und Tomaten miteinander vermengen.
5. Die Salatzutaten kurz vor dem Verzehr mit der Sauce mischen.

Bunter Geflügelsalat

Eiweißgericht

Für 2 Portionen
Zubereitungszeit: ca. 30 Minuten
ca. 330 kcal

4 TL ungehärtetes Kokosfett (aus dem Reformhaus)
2 Hähnchenbrustfilets
2 Frühlingszwiebeln
1 rote Paprikaschote
1 grüne Paprikaschote
200 g Champignons
2 EL Zitronensaft
$1/2$ Kohlrabiknolle
100 g Joghurt (3,5 % Fett)
2 EL saure Sahne
2 EL Zitronensaft
2 EL Schnittlauchröllchen
1 TL Kräutersalz
1 Msp. Cayennepfeffer

1. Das Fett in einer Pfanne erhitzen und die Hähnchenbrustfilets darin bei starker Hitze kurz auf beiden Seiten braun
anbraten. Dann die Hitze reduzieren und das Fleisch zugedeckt von jeder Seite in 5 bis 7 Minuten garen. Es anschließend abkühlen lassen.
2. Inzwischen die Frühlingszwiebeln waschen, putzen und
fein würfeln. Die Paprika waschen, entkernen und in Streifen schneiden. Die Champignons putzen, kurz waschen
oder vorsichtig abreiben. Sie dann in Scheiben schneiden

und mit dem Zitronensaft beträufeln. Den Kohlrabi schälen und grob raspeln.

3. Für die Sauce den Joghurt mit Sahne, Zitronensaft und Schnittlauch verrühren. Mit Kräutersalz und etwas Cayennepfeffer abschmecken.

4. Das abgekühlte Hähnchenfleisch in Würfel schneiden und mit dem Gemüse mischen. Die Salatsauce dann mit Fleisch und Gemüse vermengen.

TIPP

Dieser Salat eignet sich gut zum Mitnehmen an den Arbeitsplatz. Bewahren Sie die Salatsauce getrennt von den anderen Salatzutaten auf, und mischen Sie beides erst kurz vor dem Verzehr.

Salat mit Fleischbällchen

Eiweißgericht

Für 2 Portionen
Zubereitungszeit: ca. 30 Minuten
ca. 270 kcal

1 große Zwiebel
200 g Tatar
100 g Quark (20 % Fett)
2 EL Mineralwasser
2 EL gehackte Petersilie
etwas Meersalz
einige Tropfen Öl
1 Kopfsalat
4 Tomaten
$^1/_2$ Salatgurke
300 g Joghurt (3,5% Fett)
4 EL gehackter Dill

1. Die Zwiebel schälen und sehr fein würfeln. Das Tatar mit der Zwiebel, dem Quark und dem Mineralwasser zu einem Teig verkneten. Diesen mit der Petersilie und dem Salz würzen.

2. Dann kleine Bällchen aus dem Fleischteig formen. Eine beschichtete Pfanne erhitzen und mit ein paar Öltropfen auswischen. Die Fleischbällchen darin vorsichtig rundherum braun braten. Sie anschließend etwas abkühlen lassen.

3. Inzwischen den Kopfsalat verlesen, gründlich waschen und in Stücke zupfen. Ebenso die Tomaten waschen, putzen

und achteln. Die Gurke waschen und in dünne Scheiben schneiden.

4. Joghurt, 4 Esslöffel Wasser, Salz und Dill zu einer Salatsauce verrühren. Die Salatzutaten und die Fleischbällchen unter die Sauce heben.

Mozzarella mit Tomaten

Neutrales Gericht

Für 2 Portionen
Zubereitungszeit: ca. 15 Minuten
ca. 270 kcal

6 Tomaten
1 Kugel Mozzarella (ca. 120 g)
2 Zweige Basilikum
2 EL vergorenes Molkekonzentrat (Molkosan)
2 EL kaltgepresstes Olivenöl

1. Die Tomaten waschen, putzen, in dicke Scheiben schneiden und kreisförmig auf einen Teller legen. Mozzarella in dünne Scheiben schneiden und diese auf die Tomatenscheiben legen.
2. Alles mit Salz würzen und auf jede Mozzarellascheibe ein gewaschenes Basilikumblättchen legen.
3. Das Molkekonzentrat mit dem Öl verrühren und die Mozzarellascheiben damit beträufeln.

Fruchtiger Römersalat mit Shrimps

Eiweißgericht

Für 2 Portionen
Zubereitungszeit: ca. 20 Minuten
ca. 410 kcal

12 Blätter Römersalat
14 Kirschtomaten
1 große gelbe Paprikaschote
8 EL TK-Maiskörner
200 g Joghurt (3,5 % Fett)
160 ml frischgepresster Orangensaft
2 TL grüne eingelegte Pfefferkörner
1^1/$_2$ TL Kräutersalz
2 Msp. Cayennepfeffer
2 TL Paprikapulver, edelsüß
2 TL Frutilose
2 Kiwis
200 g Krabben
etwas Kresse zum Garnieren

1. Die Salatblätter putzen, waschen und in schmale Streifen schneiden. Die Tomaten waschen und halbieren.
2. Die Paprikaschote halbieren, das Kerngehäuse entfernen, waschen und die Frucht in schmale Streifen schneiden. Alle vorbereiteten Zutaten und den aufgetauten Mais miteinander vermischen.
3. Für die Sauce den Joghurt mit dem Schneebesen cremig rühren. Den Orangensaft und die Pfefferkörner unterrühren. Dann mit Salz, Cayennepfeffer, Paprikapulver und

Frutilose leicht scharf abschmecken. Anschließend die
Sauce über den Salat gießen.

4. Die Kiwis schälen, in Scheiben schneiden und zusammen
mit den Krabben auf dem Salat verteilen. Dann das Ganze
mit der Kresse verzieren.

TIPP

Den restlichen Römersalat können Sie in Frischhaltefolie ein-
gewickelt im Kühlschrank aufbewahren und am nächsten
Tag verbrauchen.

Kartoffelsalat »Vital«

Kohlenhydratgericht

Für 2 Portionen
Zubereitungszeit: ca. 45 Minuten
ca. 500 kcal

400 g kleine Kartoffeln
1 Stück Knollensellerie (ca. 60 g)
80 g Erbsen (frisch oder TK-Ware)
250 ml vegetarische Gemüsebrühe (Instantpulver)
1 Stange Lauch
1 kleines Bund Radieschen
3 EL geschälte Walnüsse
1 mürber Apfel
175 g Sahnedickmilch
100 g saure Sahne
8 EL Gemüsebrühe
1 TL Majoran
etwas Kräutersalz
1 TL Frutilose
5 EL Schnittlauchröllchen
4 EL Keimlinge (z. B. Sojasprossen)

1. Die Kartoffeln bürsten, in der Schale kochen, leicht abkühlen lassen und pellen. Anschließend die Kartoffeln in dünne Scheiben schneiden.
2. Inzwischen den Sellerie schälen und in Würfel schneiden. Frische Erbsen palen und beide Gemüsesorten in der Brühe nicht zu weich garen, dann aus der Brühe nehmen und abkühlen lassen. Das Gemüsewasser aufbewahren.

3. Den Lauch putzen, längs aufschlitzen, waschen, trocken-tupfen und nur das Weiße in sehr feine Ringe schneiden. Die Radieschen putzen, waschen und in Scheiben schnei-den. Die Nüsse grob hacken. Den Apfel waschen, vierteln, das Kerngehäuse entfernen und das Fruchtfleisch in dünne Scheiben schneiden. Alle vorbereiteten Zutaten miteinan-der mischen.

4. Für die Sauce die Sahnedickmilch mit der Sahne und 8 Ess-löffeln Gemüsewasser cremig rühren. Mit Majoran, Kräu-tersalz und Frutilose abschmecken. Anschließend mit den Salatzutaten mischen und den Salat mit den Schnittlauch-röllchen und den Keimlingen bestreuen.

TIPP
Zum Mitnehmen in einen gut verschließbaren Plastikbehäl-ter füllen.

Rucolasalat mit Champignons und gehobeltem Parmesan

Eiweißgericht

Für 2 Portionen
Zubereitungszeit: ca. 20 Minuten
ca. 400 kcal

$1/2$ Knoblauchzehe
3 EL kaltgepresstes Olivenöl
2 EL vergorenes Molkekonzentrat (Molkosan)
1 Msp. Senfpulver
$1/2$ TL flüssiger Honig
etwas Kräutersalz
150 g Rucola (Rauke)
100 g braune Champignons oder Steinpilze
$1^1/2$ EL Butter
70 g Parmesan (am Stück)

1. Den Knoblauch schälen und in eine kleine Schüssel pressen. Olivenöl, Molkosan, 2 Esslöffel heißes Wasser und die Gewürze dazugeben. Alles verquirlen.

2. Den Rucola gründlich waschen, trockenschleudern und putzen. Die harten Stängel entfernen. Den Salat in mundgerechte Stücke zerkleinern, auf 2 großen Tellern anrichten und mit der Sauce beträufeln.

3. Die Champignons abreiben, putzen und in Scheiben schneiden, kurz in der Butter dünsten und auf den Rucola verteilen.

4. Den Parmesan direkt auf die angerichteten Salatteller hobeln oder reiben.

Tomatensalat »Korsika«

Neutrales Gericht

Für 2 Portionen
Zubereitungszeit: ca. 20 Minuten
ca. 270 kcal

500 g reife Tomaten
120 g milder Schafskäse (in Lake eingelegt)
1 Zehe Knoblauch
1$^1/_2$ EL kaltgepresstes Olivenöl
3 EL gehacktes Basilikum
$^1/_2$ TL Meersalz

1. Die Tomaten waschen, trockenreiben, die Stielansätze entfernen und die Früchte in kleine Würfel schneiden. Den Schafskäse mit einer Gabel zerdrücken und zu den Tomaten geben.
2. Den Knoblauch schälen und durch eine Presse in das Öl drücken. Dies mit etwa 4 Esslöffeln Wasser sorgfältig mischen und das Basilikum darunter rühren.
3. Die Marinade leicht salzen und über den Tomatensalat gießen.

TIPP
Zusammen mit einigen Oliven und Fladenbrot erhalten Sie ein kohlenhydratreiches Hauptgericht.

Fenchel-Sellerie-Frischkost

Eiweißgericht

Für 2 Portionen
Zubereitungszeit: ca. 45 Minuten
Zeit zum Durchziehen: ca. 30 Minuten
ca. 270 kcal

1 Fenchelknolle
$^1/_2$ Knolle Sellerie
2 säuerliche Äpfel
1 EL Zitronensaft
2 Orangen
1 Msp. Cayennepfeffer
1 EL Frutilose
1 TL Kräutersalz
3 EL saure Sahne
2 EL ungeschwefelte Rosinen
1 EL gehackte Mandeln

1. Die Fenchelknolle halbieren, den Strunk herausschneiden und den Fenchel in feine Streifen schneiden.
2. Die halbe Sellerieknolle schälen und auf einer Rohkostreibe fein raspeln.
3. Nun die Äpfel vierteln, die Kerngehäuse entfernen und die Früchte in dünne Spalten schneiden.
4. Alle vorbereiteten Zutaten gründlich mischen und sofort mit dem Zitronensaft beträufeln, damit sie nicht braun werden.
5. Die Schale von einer Orange abschneiden und auch die weiße Haut entfernen. An den Zwischenhäuten einschnei-

den und die Filets herauslösen. Die Filets zu den Salatzutaten geben.

6. Für die Salatsauce die zweite Orange auspressen und den Saft mit Cayennepfeffer, Frutilose, Kräutersalz und der sauren Sahne gut verrühren.

7. Die Sauce über den Salat gießen, ihn mit den Rosinen und den Mandeln bestreuen und dann etwa 30 Minuten lang durchziehen lassen.

Möhren-Birnen-Frischkost

Eiweißgericht

Für 2 Portionen
Zubereitungszeit: ca. 20 Minuten
ca. 320 kcal

4 Möhren
2 Birnen
2 EL Zitronensaft
150 g Joghurt (3,5 % Fett)
4 EL süße Sahne (30 % Fett)
2 EL Frutilose
2 EL grob gehackte Mandeln

1. Die Möhren schälen und in sehr feine Stifte schneiden.
2. Die Birnen halbieren, das Kerngehäuse entfernen und das Fruchtfleisch in kleine Würfel schneiden. Sie mit den Möhrenstiften mischen und alles mit dem Zitronensaft beträufeln.
3. Den Joghurt mit der Sahne und der Frutilose verrühren und unter die Rohkost mischen. Sie mit den gehackten Nüssen bestreuen.

Ziegenkäsetatar

Neutrales Gericht

Für 2 Portionen
Zubereitungszeit: ca. 1 Stunde
ca. 390 kcal

2 kleine Rote Beten (ca. 100 g)
$^1/_2$ gelbe Paprikaschote
$^1/_2$ grüne Paprikaschote
1 Stück Gurke (ca. 6 cm)
2 Tomaten
8 Radieschen
2 Frühlingszwiebeln
4 Zweige glatte Petersilie
180 g Ziegenfrischkäse (z. B. Lingot blanc)
etwas Kräutersalz

1. Die Roten Beten waschen und unversehrt in einen kleinen Topf geben. Sie knapp mit Wasser bedecken und zugedeckt bei schwacher Hitze in etwa 25 Minuten garen.
2. In der Zwischenzeit das restliche Gemüse waschen und putzen. Dabei die Kerne der Paprikaschoten, die Schale der Gurke sowie die Stielansätze der Tomaten entfernen. Das Radieschengrün etwa 2 cm lang an den Knollen lassen.
3. Die Paprikaschoten, die Gurke und die Tomaten etwa 1 cm groß würfeln. Die Radieschen längs halbieren, die Frühlingszwiebeln in $^1/_2$ cm dicke Ringe schneiden.
4. Die Petersilie waschen und trockentupfen. Die harten Stiele abschneiden und das restliche Grün fein hacken.
5. Das Kochwasser von den Roten Beten nach dem Garen ab-

schütten und die Knollen abschrecken. Die Haut mit den Händen unter fließendem Wasser von den Knollen drücken. Das Fruchtfleisch 1 cm groß würfeln.

6. Den Ziegenkäse durch eine Kartoffelpresse oder die grobe Scheibe eines Fleischwolfs geben und in die Mitte von 2 großen Tellern setzen. Das Gemüse nach Sorten getrennt um den Käse anrichten und mit der gehackten Petersilie garnieren.

7. Das Ganze mit Kräutersalz bestreut servieren.

Paprikastreifen mit Blauschimmeldip

Neutrales Gericht

Für 2 Portionen
Zubereitungszeit: ca. 15 Minuten
ca. 290 kcal

1 rote Paprikaschote
1 grüne Paprikaschote
1 gelbe Paprikaschote
60 g Blauschimmelkäse (z. B. Roquefort)
100 g saure Sahne
100 g Joghurt (3,5 % Fett)
1 TL Rosenpaprika

1. Die Paprikaschoten waschen, putzen und die Kerne entfernen. Das Fruchtfleisch in gleichmäßige, $^1/_2$ cm dicke Streifen schneiden.
2. Den Blauschimmelkäse fein würfeln und in eine hohe Schüssel geben. Die saure Sahne und den Joghurt hinzufügen und alles mit dem Schneidstab pürieren.
3. Den Dip mit dem Rosenpaprika pikant abschmecken und zusammen mit den Paprikastreifen anrichten.

TIPP
Zu diesem Dip passen selbstverständlich auch andere Gemüsesorten wie Möhren, Staudensellerie und Gurke.

Vollkornbrot mit Obatzter

Kohlenhydratgericht

Für 2 Portionen
Zubereitungszeit: ca. 20 Minuten
ca. 440 kcal

125 g reifer Camembert (mind. 60 % Fett i. Tr.)
$^1/_2$ Bund Schnittlauch
je 1 EL weiche Butter und saure Sahne
$^1/_4$ TL Paprikapulver, edelsüß
$^1/_4$ TL Kümmelsamen
2 Blätter Kopfsalat
2 große Scheiben Vollkornbrot
1 Flaschentomate
1 Stück Gurke
etwas Kräutersalz

1. Den Camembert fein würfeln und in eine Schüssel geben. Den Schnittlauch waschen, trockentupfen und in sehr dünne Ringe schneiden.
2. Diese mit der weichen Butter, der sauren Sahne und den Gewürzen zum Käse geben. Alles sorgfältig vermischen.
3. Den Salat waschen, trockenschleudern und auf die Brotscheiben legen. Den Obatzten darauf verteilen. Die Tomate waschen und die Gurke schälen. Den Stielansatz der Tomate keilförmig herausschneiden und das Fruchtfleisch zusammen mit der Gurke in dünne Scheiben schneiden.
4. Die beiden Brote auf 2 Tellern anrichten, die Tomaten- und die Gurkenscheiben abwechselnd überlappend daneben legen und alles mit Kräutersalz würzen.

Matjesburger

Kohlenhydratgericht

Für 2 Portionen
Zubereitungszeit: ca. 10 Minuten
ca. 380 kcal

2 Vollkornbrötchen
4–5 Blätter grüner Salat
4 kleine Matjesfilets
80 g saure Sahne
2 Tomaten
1 Zwiebel
4 Dillzweige

1. Das Brötchen in der Mitte aufschneiden und die unteren Hälften mit den Salatblättern belegen.
2. Die Matjesfilets unter kaltem Wasser abspülen, trockentupfen und jeweils 2 auf die Brötchenhälften mit den Salatblättern legen. Die saure Sahne darauf geben.
3. Die Tomate waschen und in Scheiben schneiden. Die Zwiebel schälen und in dünne Ringe schneiden.
4. Dann die Tomatenscheiben sowie die Zwiebelringe auf die Matjesfilets legen und alles mit dem gewaschenen Dill garnieren. Die zweiten Brötchenhälften obenauf legen und servieren.

Flädlesuppe

Kohlenhydratgericht

Für 2 Portionen
Zubereitungszeit: ca. 15 Minuten
ca. 320 kcal

40 g süße Sahne (30% Fett)
1 Eigelb
$^1/_2$ TL Meersalz und 1 Msp. geriebene Muskatnuss
50 g feines Weizen- oder Dinkelvollkornmehl
2 EL kaltgepresstes Sonnenblumenöl
1 l vegetarische Gemüsebrühe (Instantpulver)
1 EL Schnittlauchröllchen
1 EL fein gehackte Petersilie
1 TL fein gehackter Liebstöckel

1. Die Sahne zusammen mit 130 ml Wasser und dem Eigelb in eine Schüssel geben und alles mit einem Schneebesen verquirlen. Meersalz und Muskat dazugeben.
2. Das Vollkornmehl nach und nach hinzufügen und alles zu einem glatten Teig verrühren.
3. Dann 1 Esslöffel Öl in einer beschichteten Pfanne nicht zu stark erhitzen, die Hälfte des Teiges hineingeben, gleichmäßig verteilen und zu einem dünnen Pfannkuchen backen. Mit der zweiten Teighälfte ebenso verfahren.
4. Die Pfannkuchen abkühlen lassen und in dünne Streifen (Flädle) schneiden.
5. Die Gemüsebrühe erhitzen, mit Meersalz abschmecken und die Flädle hineingeben. Die Kräuter zuletzt in die Suppe streuen.

Paprika-Kraut-Suppe

Eiweißgericht

Für 2 Portionen
Zubereitungszeit: ca. 40 Minuten
ca. 240 kcal

1 rote Paprikaschote und 1 Zwiebel
1 EL kaltgepresstes Sonnenblumenöl
5 Tomaten
300 ml vegetarische Gemüsebrühe (Instantpulver)
1 TL Paprikapulver rosenscharf
100 g Sauerkraut
2 EL süße Sahne
2 EL gehackte Petersilie oder Schnittlauchröllchen

1. Das Kerngehäuse der Paprikaschote entfernen und das Fruchtfleisch in feine Streifen schneiden.
2. Die Zwiebel schälen und in Ringe schneiden. Die Paprikastreifen und die Zwiebelringe in dem Sonnenblumenöl etwa 5 Minuten andünsten.
3. In der Zwischenzeit die Tomaten vierteln und die Stielansätze entfernen. Das Fruchtfleisch mit dem Schneidstab pürieren und nach Belieben durch ein Sieb streichen.
4. Das Tomatenmus mit der Brühe und dem Paprikapulver abschmecken und es unter das Gemüse rühren.
5. Das Sauerkraut klein schneiden und zur Suppe geben. Alles zugedeckt bei geringer Hitzezufuhr etwa 10 Minuten köcheln lassen. Eventuell etwas Wasser hinzufügen.
6. Die Suppe mit der Sahne verfeinern und mit Petersilie oder Schnittlauchröllchen bestreuen.

Paprikarahmsuppe

Kohlenhydratgericht

Für 2 Portionen
Zubereitungszeit: ca. 35 Minuten
ca. 150 kcal

1 Zwiebel
1 rote Paprikaschote
1 gelbe Paprikaschote
1 EL Butter
1 EL feines Dinkelvollkornmehl
$3/8$ l vegetarische Gemüsebrühe (Instantpulver)
4 EL süße Sahne
1 EL gehackte Petersilie

1. Die Zwiebel schälen und fein würfeln.
2. Die Kerngehäuse der Paprikaschoten entfernen und das Fruchtfleisch in Streifen schneiden. Einige Paprikastreifen für die Garnitur beiseite legen.
3. Die übrigen Paprikastreifen zusammen mit den Zwiebelwürfeln etwa 5 Minuten in der Butter andünsten.
4. Dann das Vollkornmehl darüber stäuben, leicht anschwitzen und die Gemüsebrühe unter Rühren dazugießen.
5. Das Ganze dann etwa 10 Minuten köcheln lassen. Die Suppe nach Belieben mit einem Schneidstab pürieren. Sie zuletzt mit der Sahne verfeinern.
6. Die zurückbehaltenen Paprikastreifen hinzufügen, kurz mit erwärmen und die Petersilie über die Suppe streuen.

Spargelcremesuppe

Kohlenhydratgericht

Für 2 Portionen
Zubereitungszeit: ca. 40 Minuten
ca. 130 kcal

1 EL vegetarische Gemüsebrühe (Instantpulver)
$^1/_2$ TL Frutilose
400 g Spargel
1 EL Butter
2 EL feines Weizenvollkornmehl
2 EL süße Sahne
1 EL gehackte Petersilie

1. Etwa 400 ml Wasser zusammen mit der Gemüsebrühe und der Frutilose zum Kochen bringen.
2. Inzwischen den Spargel schälen, eventuell holzige Enden abschneiden und die Stangen in etwa 4 cm lange Stücke schneiden.
3. Den Spargel ins Kochwasser geben und in etwa 20 Minuten bei geringer Hitzezufuhr garen. Die Spargelstücke dann herausnehmen.
4. Die Butter in einem Topf zerlassen, das Mehl hineinrühren und die Spargelbrühe unter Rühren nach und nach dazugießen.
5. Die Suppe aufkochen und binden lassen, die Spargelstücke und die Sahne hineingeben und die Petersilie darüber streuen.

Pariser Kartoffelsuppe

Kohlenhydratgericht

Für 2 Portionen
Zubereitungszeit: ca. 30 Minuten
ca. 190 kcal

200 g Champignons
1 Zwiebel
200 g Kartoffeln
10 g Butter
2 EL Dinkelvollkornmehl
400 ml vegetarische Gemüsebrühe (Instantpulver)
1 TL getr. Kräuter der Provence
1 Kästchen Kresse
2 EL saure Sahne

1. Die Champignons waschen, trockentupfen, putzen und feinblättrig aufschneiden.
2. Die Zwiebel und die Kartoffeln schälen, beides fein würfeln und in der Butter in einem Topf glasig dünsten. Die Pilze hinzufügen, mit dem Mehl bestäuben und unter Rühren

---

TIPP

Gesunder Schlaf durch Kartoffeln – ihr Inhaltsstoff Magnesium macht's möglich, denn er wirkt auf das Nervensystem beruhigend. Da ein Teil des Magnesiums beim Kochen ins Garwasser übergeht, sollte dieses möglichst mitverwendet werden.

---

mit anbraten. Mit der Brühe auffüllen, kurz aufkochen lassen und bei geringer Hitze etwa 15 Minuten köcheln lassen. Mit den getrockneten Kräutern würzen.

3. Die Kresse von der Pflanzunterlage abschneiden, in einem Sieb abspülen und trockentupfen. Die Suppe auf 2 Teller verteilen, mit der sauren Sahne garnieren und mit der Kresse bestreuen.

Ländliche Tomatensuppe

Eiweißgericht

Für 2 Portionen
Zubereitungszeit: ca. 45 Minuten
ca. 160 kcal

1 Stück Knollensellerie
1 große Möhre
1 kleine Zwiebel
1 EL kaltgepresstes Olivenöl
6 reife Tomaten
2 TL vegetarische Gemüsebrühe (Instantpulver)
1 TL Pizzagewürz
1 Msp. Cayennepfeffer
3 EL süße Sahne
1 Zweig Basilikum

1. Den Sellerie, die Möhre und die Zwiebel schälen und klein schneiden. Das Olivenöl in einem Topf nicht zu stark erhitzen und die Gemüsewürfel darin andünsten.
2. Die Stielansätze der Tomaten entfernen und die Früchte mit dem Schneidstab pürieren. Das Püree nach Belieben durch ein Sieb streichen.
3. Das Tomatenmus zu den Gemüsewürfeln geben und dann alles bei geringer Hitzezufuhr etwa 12 Minuten köcheln lassen. 200 ml Wasser hinzufügen.
4. Die Suppe anschließend mit dem Schneidstab pürieren. Sie mit Gemüsebrühe, Pizzagewürz und Cayennepfeffer kräftig würzen, mit der Sahne verfeinern und mit Basilikumblättchen garnieren.

Blumenkohlsuppe

Neutrales Gericht

Für 2 Portionen
Zubereitungszeit: ca. 25 Minuten
ca. 150 kcal

1 Blumenkohl (ca. 400 g küchenfertig)
$^1/_2$ l vegetarische Gemüsebrühe (Instantpulver)
4 EL süße Sahne
4 EL gehackte Petersilie

1. Den Blumenkohl putzen, waschen und in kleine Röschen teilen.
2. Das Gemüse zusammen mit der Gemüsebrühe in einen Topf geben und 15 bis 18 Minuten leicht köcheln lassen.
3. Das Ganze mit dem Schneidstab pürieren und mit der Sahne verfeinern. Zum Schluss die fein gehackte Petersilie darüber streuen.

Dinkelsuppe

Kohlenhydratgericht

Für 2 Portionen
Zubereitungszeit: ca. 30 Minuten
Quellzeit: ca. 8 Stunden
ca. 350 kcal

120 g gequollene Dinkelkörner
1 kleiner Blumenkohl
1 große Zwiebel
1 großes Bund Suppengrün
2 EL Butter
800 ml vegetarische Gemüsebrühe (Instantpulver)
2 TL getrockneter Liebstöckel
4 EL süße Sahne

1. Den gequollenen Dinkel im geschlossenen Topf bei geringer Hitze in etwa 25 Minuten garen.
2. In der Zwischenzeit den Blumenkohl putzen und in sehr kleine Röschen teilen. Danach die Zwiebel schälen, das Suppengrün putzen und beides in kleine Stücke schneiden.
3. Die Butter in einem Topf zerlassen und zuerst die Zwiebel, dann das restliche Gemüse darin leicht anschmoren. Alles mit der Brühe auffüllen und zugedeckt etwa 12 bis 15 Minuten leicht kochen lassen.
4. Anschließend den gegarten Dinkel hinzufügen, die Suppe mit dem Liebstöckel würzen und mit der Sahne verfeinern.

Gemüsetoast mit Mozzarella überbacken

Kohlenhydratgericht

Für 2 Portionen
Zubereitungszeit: ca. 25 Minuten
ca. 470 kcal

$^1/_2$ kleine Zucchini
1 Stück Aubergine (ca. 8 cm)
$^1/_2$ rote Paprikaschote
3 EL kaltgepresstes Olivenöl
4 Basilikumblätter
1 Knoblauchzehe
4 Scheiben Vollkorntoastbrot
etwas Meersalz
$^1/_2$ TL Thymian
75 g Mozzarella ($^1/_2$ Kugel)
8 schwarze Oliven (entsteint)

1. Zucchini, Aubergine und Paprikaschote waschen und put-zen. Anschließend die Zucchini und die Aubergine in 1 cm dicke Scheiben schneiden. Das Öl in einer Pfanne erhitzen und die Scheiben darin von beiden Seiten kräftig anbraten. Danach sofort aus der Pfanne nehmen und auf Küchenpa-pier legen.
2. Die Paprikaschote entkernen und das Fruchtfleisch in dün-ne Streifen schneiden. Basilikum waschen und trockentup-fen. Die Knoblauchzehe schälen.
3. Den Grill oder den Ofen auf 200 °C vorheizen. Die Brote von beiden Seiten toasten. Sie mit der Knoblauchzehe ab-reiben und die Auberginenscheiben darauf legen.

4. Anschließend die Zucchini- und Paprikastücke darauf schichten und alles mit Meersalz und Thymian würzen.

5. Den Käse in Scheiben schneiden und auf die Gemüsetoasts verteilen. Das Ganze auf ein Backblech geben und im Ofen oder im Grill überbacken.

6. Die Toasts mit den Oliven und dem Basilikum garnieren und auf 2 Tellern servieren.

Überbackener Gemüsetoast

Kohlenhydratgericht

Für 2 Portionen
Zubereitungszeit: ca. 20 Minuten
ca. 400 kcal

1 kleine Zucchini
1 kleine rote Paprikaschote
1 kleine Zwiebel
8 schwarze Oliven (entsteint)
120 g Mozzarella (1 Kugel)
4 kleine oder 2 große Scheiben Weizenvollkornbrot
2 TL Butter
2 EL TK-Maiskörner
1 TL Kräutersalz
1 TL gerebelter Oregano
1 Msp. scharfes Paprikapulver

1. Den Backofen auf 225 °C oder den Grill vorheizen.
2. Die Zucchini putzen, waschen und in dünne Scheiben schneiden. Die Paprikahälfte waschen, putzen, entkernen und würfeln.
3. Die Zwiebel schälen und fein würfeln. Die Oliven entkernen und in Ringe schneiden.
4. Den Mozzarella gut abtropfen lassen und würfeln.
5. Die Brotscheiben mit Butter bestreichen und dann mit den Zucchinischeiben belegen.
6. Mais, Paprika-, Mozzarella- und Zwiebelwürfel sowie Olivenringe in einer Schüssel mischen und mit Kräutersalz, Oregano und Paprikapulver würzen.

7. Die Gemüsemischung auf den Vollkorn-Brotscheiben verteilen und die Gemüsetoasts entweder im Backofen auf der
   obersten Schiene oder unter dem Grill 7 bis 8 Minuten
   überbacken.

Pizza mit Pilzen

Kohlenhydratgericht

Für 2 Portionen
Zubereitungszeit: ca. 1 Stunde
Zeit zum Gehen: ca. 45 Minuten
ca. 330 kcal

40 g Hefe
120 ml lauwarmes Wasser
200 g feines Dinkelvollkornmehl
2 EL kaltgepresstes Olivenöl
1 TL Meersalz
etwas Butter für die Form
250 g Austernpilze oder Champignons
1 Knoblauchzehe
$1/2$ TL Kräutersalz
$1/2$ TL Oregano
$1/2$ TL Rosmarin
$1/4$ TL Majoran
2 EL Butter
120 g Mozzarella

1. Für den Teig die Hefe mit der Hälfte des warmen Wassers verrühren, mit 2 Esslöffel Mehl vermischen und etwa $1/4$ Stunde an einem warmen Ort zugedeckt gehen lassen.
2. Das übrige Mehl in eine Schüssel geben und in die Mitte eine Mulde drücken. Das restliche Wasser, 1 Teelöffel Öl und den Vorteig hineingeben, salzen und alles zu einem glatten Teig verarbeiten. Nochmals zugedeckt an einem warmen Ort etwa $1/2$ Stunde gehen lassen.

3. Den Teig auf eine vorgewärmte, eingefettete Pizzaform (26 cm Durchmesser) geben und ihn von innen nach außen mit den Händen auseinander drücken. Den Backofen auf 200 °C vorheizen.

4. Für den Belag die Pilze putzen und in Scheiben schneiden. Das Öl in einer Pfanne erhitzen, die Pilze darin andünsten und mit dem Salz würzen.

5. Die Knoblauchzehe schälen und pressen. Zusammen mit den Kräutern und dem Kräutersalz in die Butter kneten und gleichmäßig auf dem Pizzateig verteilen. Die Pilze auf dem Teig verstreichen und mit dem in Scheiben geschnittenen Käse belegen.

6. Die Pizza im Ofen etwa 20 Minuten backen, bis der Käse verlaufen ist.

Bratkartoffeln mit Tomaten-Mozzarella-Salat

Kohlenhydratgericht

Für 2 Portionen
Zubereitungszeit: ca. 25 Minuten
ca. 640 kcal

400 g Pellkartoffeln vom Vortag
1 große Zwiebel
3 EL kaltgepresstes Sonnenblumenöl
1 TL Kräutersalz
2 TL Paprikapulver, edelsüß
800 g Tomaten
100 g Mozzarella
3–4 TL kaltgepresstes Olivenöl
etwas Kräutersalz
einige Basilikumblättchen

1. Die gekochten Kartoffeln vom Vortag schälen und in Scheiben schneiden. Die Zwiebel schälen und fein würfeln.

2. Das Öl in einer Pfanne erhitzen und die Kartoffelscheiben darin rundum anbraten. Die Zwiebelwürfel hinzufügen und alles mit dem Kräutersalz und dem Paprikapulver würzen. Die Kartoffeln bei nicht zu starker Hitze so lange braten, bis sie knusprig braun sind.

3. Für den Salat die Tomaten gründlich waschen, die Stielansätze entfernen und in etwa 1 cm dicke Scheiben schneiden.

4. Die Tomatenscheiben auf Tellern anrichten und den in

dünne Scheiben geschnittenen Käse darauf legen. Mit dem Olivenöl beträufeln und leicht salzen.

5. Den Salat zusammen mit den Bratkartoffeln servieren und mit den Basilikumblättchen garnieren.

Pellkartoffeln mit Tsatsiki

Kohlenhydratgericht

Für 2 Portionen
Zubereitungszeit: ca. 25 Minuten
ca. 290 kcal

400 g kleine Pellkartoffeln
1 große Salatgurke
250 g Quark (20 % Fett i. Tr.)
4 EL Mineralwasser
2 TL Meersalz
2 Knoblauchzehen nach Belieben
2 TL Paprikapulver, edelsüß

1. Die Kartoffeln gut waschen und als Pellkartoffeln in 18 bis 20 Minuten garen.
2. In der Zwischenzeit die Gurke schälen und $1/3$ davon fein raspeln. Die restliche Gurke in 1 cm dicke Scheiben schneiden.
3. Den Quark mit dem Mineralwasser cremig rühren. Die Gurkenraspel leicht salzen und zum Quark geben. Nach Belieben Knoblauch durch eine Presse dazudrücken.
4. Die Pellkartoffeln und das Tsatsiki zusammen mit den Gurkenscheiben servieren. Mit dem Paprikapulver bestäuben.

Pilzpfanne

Eiweißgericht

Für 2 Portionen
Zubereitungszeit: ca. 25 Minuten
ca. 320 kcal

1 Bund Frühlingszwiebeln
1 rote Paprikaschote
150 g Champignons
2 EL kaltgepresstes Sonnenblumenöl
Meersalz
1 TL Kräuter der Provence
4 Eier
$1/2$ Bund Schnittlauch, in Röllchen

1. Die Frühlingszwiebeln putzen, längs halbieren und mit etwas Grün in Scheiben schneiden. Die Paprikaschote waschen und in schmale Streifen schneiden. Die Champignons putzen und halbieren.
2. Dann $1^1/2$ Esslöffel Öl in einer Pfanne erhitzen und die Zwiebelscheiben darin andünsten. Das restliche Gemüse hinzufügen und unter Rühren langsam dünsten, bis der

---

TIPP
Eier verhelfen zu mehr »Köpfchen«! Das im Ei enthaltene Vitamin B12 schützt die Nervenmembranen und wird für die Bildung des Nervenbotenstoffes Acetylcholin benötigt, der großen Einfluss auf die Fitness unseres Gehirns hat.

Gemüsesaft weitgehend verdunstet ist. Das Ganze salzen und mit den Kräutern würzen.

3. Inzwischen die Eier aufschlagen und als Spiegeleier in einer Pfanne in dem restlichen Öl braten. Das Gemüse auf 2 Tellern anrichten, die Eier darauf setzen und mit den Schnittlauchröllchen servieren.

Zucchinigulasch

Kohlenhydratgericht

Für 2 Portionen
Zubereitungszeit: ca. 20 Minuten
ca. 90 kcal

1 Zwiebel
etwas kaltgepresstes Öl
3–4 kleine Zucchini
etwas Vollkornmehl
Salz und rotes Paprikapulver
$1/2$ Würfel Gemüsebrühe
2 EL saure Sahne

1. Die Zwiebel schälen, klein hacken und in heißem Öl glasig dünsten.
2. In der Zwischenzeit die Zucchini waschen, das Stielende abschneiden und in kleine Würfel schneiden. Dann mit dem Vollkornmehl bestäuben und etwas Wasser dazugießen.
3. Die Zucchiniwürfel zu den Zwiebeln geben. Mit Salz und Paprika würzen. Den Brühewürfel in der Mischung auflösen.
4. Die Zucchini bissfest garen. Kurz vor dem Servieren die saure Sahne einrühren.

TIPP
Zu dem Zucchinigulasch schmecken Petersilienkartoffeln. Im Herbst können Sie auch Kürbis verwenden.

Gemüseplatte mit Rührei

Eiweißgericht

Für 2 Portionen
Zubereitungszeit: ca. 45 Minuten
ca. 550 kcal

400 g Spargelspitzen
250 g Möhren
250 g Erbsen in der Schote (oder 100 g TK-Ware)
600 ml vegetarische Gemüsebrühe (Instantpulver)
10 g Butter
100 g Brokkoli
100 g saure Sahne
100 g Joghurt (3,5 % Fett)
50 g Feta
etwas Kräutersalz
4 Eier
etwas Meersalz
1 TL kaltgepresstes Sonnenblumenöl
Petersilie zum Garnieren

1. Den Spargel schälen und in etwa 4 cm lange Stücke schneiden. Die Möhren putzen, schälen und in dünne Scheiben schneiden. Die Erbsen palen.
2. Die Gemüsebrühe in einem Topf zum Kochen bringen, den Spargel zufügen und zugedeckt etwa 15 Minuten leicht köcheln lassen. In einem zweiten Topf die Butter schmelzen und die Möhren und Erbsen darin leicht andünsten. Etwas Spargelbrühe angießen und das Gemüse ebenfalls etwa 15 Minuten leicht köcheln lassen.

3. Für die Sauce den Brokkoli putzen, waschen und zusammen mit Sahne, Joghurt und Feta pürieren, mit Kräutersalz abschmecken. Nach Belieben mit der Spargelbrühe etwas verflüssigen.

4. Die Eier in einer Schüssel schaumig aufschlagen und leicht salzen. Das Öl in einer Pfanne erhitzen, die Eier hinzufügen und bei geringer Hitze stocken lassen. Dabei zwischendurch umrühren.

5. Das gegarte Gemüse gut abtropfen lassen. Die Sauce über das Gemüse geben und mit dem Rührei servieren. Alles mit der Petersilie garnieren.

Gemüsepfanne mit Knoblauchtoast

Kohlenhydratgericht

Für 2 Portionen
Zubereitungszeit: ca. 30 Minuten
ca. 460 kcal

250 g Champignons
150 g Brokkoli
1 Stange Lauch
1 Zucchini (ca. 200 g)
1 rote Paprikaschote
1$^1/_2$ TL kaltgepresstes Olivenöl
1 EL Gemüsebrühe (Instantpulver)
1 TL gerebelter Oregano
2 Knoblauchzehen
40 g weiche Butter
3 Scheiben Vollkorntoastbrot
4 EL süße Sahne (30 % Fett)

1. Die Champignons putzen, kurz waschen oder vorsichtig abreiben und in Scheiben schneiden. Den Brokkoli putzen, waschen und in kleine Röschen zerteilen. Die Stiele abschneiden, schälen und in Stücke schneiden.
2. Den Lauch der Länge nach halbieren, gründlich waschen, putzen und in dünne Ringe schneiden. Die Zucchini waschen, putzen und in feine Würfel schneiden.
3. Paprikaschote waschen, halbieren, entkernen und den Stielansatz herausschneiden. Paprikahälften in feine Streifen schneiden.
4. Öl in einer Pfanne leicht erhitzen und das Gemüse unter

Rühren darin andünsten. Anschließend mit etwa 250 ml Wasser ablöschen.

5. Das Gemüse mit der Brühe sowie mit dem Oregano würzen und alles zugedeckt etwa 8 Minuten leicht köcheln lassen.

6. In der Zwischenzeit den Knoblauch schälen und durch die Presse drücken. Die Butter mit der Gabel zerdrücken und mit dem Knoblauch mischen.

7. Die Toastbrotscheiben diagonal halbieren und mit der Knoblauchbutter bestreichen. Die Toastbrotecken mit der Butterseite nach unten in einer weiteren Pfanne knusprig rösten.

8. Das heiße, nicht mehr kochende Gemüse mit der süßen Sahne verfeinern. Knoblauchtoastecken darauf anrichten.

Gefüllte Riesenchampignons

Neutrales Gericht

Für 2 Portionen
Zubereitungszeit: ca. 35 Minuten
ca. 280 kcal

8 Riesenchampignons
1 Bund Suppengrün
1 EL kaltgepresstes Olivenöl
etwas Kräutersalz
2 EL gehackter Estragon
2 EL Schmand (saure Sahne extra)
2 EL fein geschnittener Dill
80 g Blauschimmelkäse (mind. 60 % Fett i. Tr.)

1. Die Champignons putzen, kurz waschen oder vorsichtig abreiben. Die Stiele herausbrechen und fein hacken. Das Suppengrün putzen, waschen und in kleine Würfel schneiden.
2. Die Champignons in einem großen flachen Topf in etwas Wasser zugedeckt 7 bis 8 Minuten dünsten. Gleichzeitig das Öl in einer Pfanne erhitzen und Champignonstiele sowie Suppengrün bissfest dünsten.
3. Den Pfanneninhalt mit etwas Kräutersalz und dem Estragon würzen. Den Schmand sowie den Dill darunter rühren.
4. Das Wasser von den Champignonköpfen abgießen und diese mit dem Suppengemüse füllen. Die gefüllten Champignons wieder zurück in den Topf setzen.
5. Den Blauschimmelkäse würfeln und auf den Champignons verteilen. Den Topf schließen und den Käse bei schwacher Hitze schmelzen lassen.

Krautpfannkuchen

Kohlenhydratgericht

Für 2 Portionen
Zubereitungszeit: ca. 50 Minuten
ca. 350 kcal

1 Kopf Weißkraut (800 g)
2 TL Meersalz
2 EL Weizenvollkornmehl
4 EL süße Sahne (30 % Fett)
2 Eigelb
1 TL Liebstöckel
1 TL Majoran
1 TL Rosenpaprika
1 TL Kümmel
1 TL Koriander
1 TL Curry
1 Bund glatte Petersilie
3–4 EL ungehärtetes Pflanzenfett

1. Den Kohlkopf waschen, in vier Teile schneiden, den harten Strunk entfernen und das Kraut sehr fein raspeln. Leicht mit dem Meersalz bestreuen.
2. Danach das Vollkornmehl, die süße Sahne und die Eigelbe mit dem Kraut mischen.
3. Mit den Gewürzen abschmecken, die Petersilie fein hacken und unterrühren.
4. Die Hälfte des Pflanzenfetts in einer beschichteten Pfanne von 20 cm Durchmesser erhitzen und die Hälfte der Krautmischung hineingeben. Von der einen Seite kurz anbacken

und anschließend wenden. Zugedeckt bei kleiner Flamme ungefähr 20 Minuten dämpfen.

5. Mit dem restlichen Weißkraut und dem Pflanzenfett ebenso verfahren.

Lauchtorte

Kohlenhydratgericht

Für 1 Torte (8 Stück)
Zubereitungszeit: ca. 1^1/$_4$ Stunde
ca. 320 kcal

200 g feines Weizenvollkornmehl
100 g kalte Butter
1 Eigelb
1 TL Meersalz
Mehl für die Arbeitsfläche
Butter für die Form
500 g Lauch
500 g Zwiebeln
1 EL ungehärtetes Pflanzenfett
100 g süße Sahne (30 % Fett)
2 Eigelb
^{1}/$_2$ TL geriebene Muskatnuss
1 Msp. Cayennepfeffer
1 TL Kräutersalz
1 Knoblauchzehe
50 g Camembert (60 % Fett i. Tr.)

1. Das Weizenvollkornmehl mit der in Stücke geschnittenen Butter, dem Eigelb, Meersalz und 3 Esslöffel Wasser zu einem geschmeidigen Teig verkneten.
2. Den Teig auf einer leicht bemehlten Arbeitsfläche ausrollen, in eine gefettete Springform (26 cm Durchmesser) geben und einen kleinen Rand formen.
3. Zugedeckt im Kühlschrank etwa 30 Minuten ruhen lassen.

4. Inzwischen den Lauch und die Zwiebeln putzen bzw. schälen. Den Lauch gründlich waschen und dann ebenso wie die Zwiebeln in feine Ringe schneiden.

5. Das Fett in einer Pfanne erhitzen. Den Lauch und die Zwiebeln darin glasig dünsten.

6. Den Backofen auf 180 °C vorheizen. Die Sahne mit 5 Esslöffel Wasser mischen und die Eigelbe darin verquirlen. Mit Muskatnuss, Cayennepfeffer und Kräutersalz würzen. Den Knoblauch schälen und dazupressen.

7. Anschließend den Camembert in kleine Würfel schneiden und zu der Sahnemischung geben.

8. Die Sahnesauce mit dem Gemüse verrühren und auf dem Teigboden verteilen. Glatt streichen und im Ofen etwa 35 Minuten backen. Die Torte in 8 Stücke teilen und heiß servieren.

TIPP
Sie können die restliche Lauchtorte in Stücke geschnitten einfrieren.

Gefüllte Ofenkartoffeln

Kohlenhydratgericht

Für 2 Portionen
Zubereitungszeit: ca. 1 Stunde
ca. 580 kcal

4 Kartoffeln (à 150 g)
1 große Zwiebel
200 g Champignons
2 rote Paprikaschoten
1 grüne Paprikaschote
2 TL Butter
$1^1/_2$ EL vegetarische Gemüsebrühe (Instantpulver)
1 TL gerebelter Oregano
1 TL Butter für die Form
125 g Mozzarella
2 EL saure Sahne
1 EL Majoranblättchen

1. Die Kartoffeln waschen und mit Wasser knapp bedeckt etwa 12 Minuten kochen. Danach abgießen und vollständig auskühlen lassen.
2. In der Zwischenzeit die Zwiebel schälen und in Ringe schneiden. Die Champignons putzen, kurz waschen und in Scheiben schneiden. Die Paprikaschoten putzen, waschen und in kleine Würfel schneiden.
3. Zwiebelringe, Champignons und Paprikawürfel in der Butter anbraten. Mit der vegetarischen Brühe und dem Oregano würzen. Danach den Backofen auf 200 °C vorheizen.
4. Die Kartoffeln der Länge nach halbieren und mit einem

Ausstecher oder einem Teelöffel aushöhlen. Die Hälften in eine gefettete feuerfeste Form setzen und einen Teil des Gemüses in die Aushöhlungen hineinfüllen.

5. Den Käse würfeln und auf die Füllung streuen. Die Kartoffeln im Backofen etwa 15 Minuten überbacken.

6. Das restliche Gemüse mit der sauren Sahne verrühren und zusammen mit den Kartoffeln servieren. Die Majoranblättchen darüber streuen.

Rösti mit Dillquark und Lachs

Kohlenhydratgericht

Für 2 Portionen
Zubereitungszeit: ca. $^1/_2$ Stunde
ca. 640 kcal

1 große Zwiebel
300 g Kartoffeln
1 TL Kräutersalz
1–2 EL frische Majoranblättchen
2 frische Eigelb
2 EL kaltgepresstes Sonnenblumenöl
250 g Quark (20 % Fett)
8 EL Mineralwasser
1 TL Meersalz
1 Bund Dill
4 Scheiben geräucherter Lachs (à 25 g)

1. Die Zwiebel schälen und fein würfeln.
2. Die Kartoffeln waschen, schälen und grob raspeln. Diese Raspeln anschließend mit Zwiebelwürfeln, Kräutersalz, Majoranblättchen und den Eigelben gut vermischen.
3. Das Öl in einer beschichteten Pfanne erhitzen, die Kartof-

---

TIPP
Falls Sie davon nicht satt werden, essen Sie zuvor einen Teller Rohkost oder Salat, der zu den neutralen Gerichten zählt.

---

felmasse als 2 Rösti hineingeben und glatt streichen. Beide Seiten bei mittlerer Hitze je 5 bis 7 Minuten knusprig braten. Eventuell noch etwas Öl hinzufügen.

4. Inzwischen den Quark mit dem Mineralwasser verrühren und salzen. Dann den Dill waschen, trockenschütteln und zwei Zweige als Dekoration beiseite legen. Den Rest von den dicken Stielen befreien, fein hacken und unter den Quark mischen.

5. Je ein Rösti mit Dillquark und zwei Scheiben Lachs auf einem Teller anrichten und mit einem Dillzweig garnieren.

HAUPTGERICHTE

Türkische Hackröllchen mit Gurkenjoghurt und Feldsalat

Eiweißgericht

Für 2 Portionen
Zubereitungszeit: ca. 40 Minuten
ca. 730 kcal

4 Zweige glatte Petersilie
300 g Rinder- oder Lammhackfleisch
1 Ei (Gewichtsklasse M)
etwas Meersalz
2 Msp. Cayennepfeffer
$^1/_4$ TL Kreuzkümmelpulver
2 Msp. Kümmelpulver
1 Msp. Pimentpulver
2 Msp. Rosenpaprika
2 EL kaltgepresstes Sonnenblumenöl
1 Stück Gurke (ca. 10 cm)
1 Knoblauchzehe
$^1/_2$ Bund Dill
250 g Joghurt (3,5 % Fett)
etwas Kräutersalz
$1^1/_2$ TL Zitronensaft
2 EL kaltgepresstes Olivenöl
etwas flüssiger Honig
1 gestr. TL Senfpulver
100 g geputzter Feldsalat

1. Die Petersilie waschen, trockentupfen und die harten Stiele entfernen. Die Blätter fein hacken und mit dem Hackfleisch und Ei in einer Schüssel gut verkneten. Mit Salz, Cayennepfeffer, Kreuzkümmel, Kümmel, Piment und Paprika kräftig abschmecken.

2. Aus der Masse 8 bis 10 kleine Röllchen von etwa 5 cm Länge und 3 cm Dicke formen. Das Sonnenblumenöl in einer Pfanne erhitzen und die Röllchen darin bei mittlerer Hitze unter mehrmaligem Wenden rundherum anbraten.

3. Während das Hackfleisch brät, die Gurke waschen, schälen und auf einer Küchenreibe grob raspeln. Die Knoblauchzehe schälen, den Dill waschen und trockentupfen. Beides fein hacken.

4. Den Joghurt in einer Schüssel glatt rühren. Mit Kräutersalz und etwas Cayennepfeffer würzen. Gurke, Knoblauch und Dill zu dem angemachten Joghurt geben, alles miteinander vermischen und noch einmal kräftig abschmecken.

5. Für den Salat Zitronensaft, Olivenöl, 2 Esslöffel heißes Wasser, Honig, Senfpulver und etwas Meersalz in einer kleinen Schüssel verrühren. Die Sauce pikant abschmecken. Den gründlich geputzten Feldsalat darin wenden.

6. Den Gurkenjoghurt auf 2 Teller geben. Den Salat daneben anrichten und die fertig gegarten Hackfleischröllchen auf den Joghurt legen.

TIPP

Sie können die Hackfleischröllchen mit einer in feine Würfel geschnittenen roten Zwiebel verfeinern. Verkneten Sie die Zwiebelstücke mit den Gewürzen in die Hackmasse.

Hüftsteak mit Grilltomaten

Eiweißgericht

Für 2 Portionen
Zubereitungszeit: ca. 30 Minuten
ca. 520 kcal

2 Knoblauchzehen
2 Rinderhüftsteaks à 150 g
200 g Champignons
2 Frühlingszwiebeln
10 Tomaten
etwas Meersalz
Cayennepfeffer
2 EL gehackte Petersilie
8–10 Butterflöckchen
einige Tropfen Öl
2 EL Crème fraîche
1 TL gerebelter Estragon

1. Die Knoblauchzehen schälen. Die Steaks auf beiden Seiten damit einreiben.
2. Champignons, Frühlingszwiebeln und Tomaten kurz waschen und putzen. Die Pilze halbieren, die Frühlingszwiebeln in Ringe schneiden. Die Tomaten über Kreuz einschneiden, mit Salz, Pfeffer, dem gewürfelten Knoblauch und der Petersilie bestreuen und je 1 Butterflöckchen darauf setzen.
3. Eine große beschichtete Deckelpfanne mit einigen Tropfen Öl auswischen und sie erhitzen. Die Steaks darin von beiden Seiten braten.

4. Die Steaks wenden, salzen und pfeffern. Champignons und Zwiebel dazugeben. Die Tomaten in die Pfanne setzen und alles weitere 4 Minuten zugedeckt garen.

5. Dann Steaks und Tomaten auf zwei Teller legen. Bratensatz und Gemüse mit 2 Esslöffeln Wasser ablöschen, die Crème fraîche und den Estragon hineinrühren und die Sauce einmal aufkochen lassen. Das Champignongemüse zu den Steaks servieren.

Lammkoteletts mit Majoranböhnchen

Eiweißgericht

Für 2 Portionen
Zubereitungszeit: ca. 30 Minuten
ca. 620 kcal

500 g frische grüne Bohnen oder TK-Bohnen
1 TL vegetarische Gemüsebrühe (Instantpulver)
2 TL gerebelter Majoran
2 Knoblauchzehen
4 TL fettarmer Frischkäse (30% Fett i. Tr.)
2 TL Zitronensaft
2 TL Senf
2 EL gemischte TK-Kräuter oder 2 EL gehackte frische Kräu-
    ter
etwas Meersalz
Cayennepfeffer
8 dünne, einfache Lammkoteletts oder 4 doppelte Lamm-
    koteletts
einige Tropfen Öl

1. Frische Bohnen waschen und putzen. Die Bohnen in 200 ml
   Wasser mit der Gemüsebrühe und dem Majoran bissfest
   garen.
2. Inzwischen die Knoblauchzehen schälen und zerdrücken.
   Den Frischkäse mit Zitronensaft, Senf, Knoblauch, Kräutern, Salz und Pfeffer glatt rühren.
3. Den Fettrand der Lammkoteletts bis auf einen kleinen Rest
   abschneiden. Eine beschichtete Pfanne erhitzen, mit einigen Tropfen Öl auswischen und die Lammkoteletts darin

auf jeder Seite bei großer Hitze etwa 2 Minuten braten. Die
Koteletts mit Salz und Pfeffer würzen.

4. Die Bohnen abgießen und zusammen mit den Lammkoteletts auf Tellern anrichten. Die Kräutercreme auf die Koteletts geben.

> **TIPP**
> Wer Lammkoteletts lieber ganz durchgebraten mag, brät
> sie etwa 3 Minuten auf jeder Seite.

Hähnchen in Rotwein

Eiweißgericht

Für 2 Portionen
Zubereitungszeit: ca. 45 Minuten
ca. 400 kcal

2 Hähnchenkeulen
etwas Meersalz
Cayennepfeffer
einige Tropfen Öl
4 Schalotten oder 2 Zwiebeln
2 Knoblauchzehen
300 g Champignons
1 Zucchini
4 Tomaten
3 Lorbeerblätter
400 ml Rotwein
2 TL Tomatenmark

1. Hähnchenkeulen abspülen, trockentupfen und auf beiden Seiten mit Salz und Pfeffer einreiben. Eine beschichtete Pfanne erhitzen und mit dem Öl auswischen. Die Hähnchenkeulen darin auf beiden Seiten bei mittlerer Hitze in ungefähr 30 bis 40 Minuten goldbraun braten. Mehrmals wenden.

2. Inzwischen die Schalotten oder die Zwiebel und die Knoblauchzehe schälen und alles fein würfeln. Die Champignons und die Zucchini kurz waschen, putzen und in Scheiben schneiden. Die Tomaten waschen, putzen und achteln.

3. Die Hähnchenkeulen nach der Bratzeit aus der Pfanne nehmen und warm stellen. Lorbeerblätter, Schalotten- oder Zwiebelwürfel, Champignons- und Zucchinischeiben in der Pfanne anbraten, dann alles mit Salz und Pfeffer abschmecken und die Hitze herunterschalten.

4. Den Knoblauch zum Gemüse geben, die Hälfte des Rotweins angießen, das Tomatenmark hineinrühren und alles auf schwacher Hitze etwas einköcheln lassen.

5. Den restlichen Rotwein dazugießen, die Tomatenachtel hinzufügen und die Hähnchenkeule auf das Gemüse legen. Sie sollte nicht mit Sauce bedeckt sein. Alles etwa 5 Minuten köcheln lassen, dann zusammen auf einem Teller anrichten.

Variation

Dieses Gericht können Sie auch mit Weißwein (am besten mit trockenem Riesling) zubereiten. Lassen Sie dann aber das Tomatenmark weg, und geben Sie dafür 1 Esslöffel Crème fraîche in die Sauce.

Putenragout mit Brokkoli

Eiweißgericht

Für 2 Portionen
Zubereitungszeit: ca. 30 Minuten
ca. 260 kcal

300 g Brokkoli
1 TL vegetarische Gemüsebrühe (Instantpulver)
300 g Putenschnitzel
300 g Champignons
einige Tropfen Öl
einige Tropfen Zitronensaft
etwas Meersalz
Cayennepfeffer
2 EL Crème fraîche

1. Den Brokkoli waschen, die Röschen abschneiden und beiseite legen. Die Brokkolistiele in feine Scheiben schneiden und in 250 ml Wasser zusammen mit der Gemüsebrühe etwa 15 Minuten kochen.
2. Inzwischen das Putenschnitzel in feine Streifen schneiden. Die Champignons kurz waschen, putzen und in dünne Scheiben schneiden.
3. Eine beschichtete Pfanne erhitzen und mit einigen Tropfen Öl auswischen. Das Putenfleisch zusammen mit den Champignons darin bei großer Hitze scharf anbraten und dann bei mittlerer Hitze goldbraun fertig braten. Alles mit Zitronensaft, Salz und Pfeffer abschmecken und anschließend zugedeckt warm stellen.
4. Die Brokkolistiele zusammen mit der Brühe mit einem

Schneidstab pürieren und die Crème fraîche hineinrühren. Die Brokkoliröschen dazugeben und etwa 5 Minuten in der Sauce köcheln lassen.

5. Das Putenfleisch und die Champignons unter die Brokkolisauce heben und alles nochmals kurz erhitzen.

Italienische Hackfleischpfanne

Eiweißgericht

Für 2 Portionen
Zubereitungszeit: ca. 45 Minuten
ca. 560 kcal

1 Aubergine
etwas Meersalz
2 Zucchini
5 Tomaten
1 Zwiebel
1–2 Knoblauchzehen
1$^1/_2$ EL Olivenöl
350 g Rinderhackfleisch
1 TL gerebelter Rosmarin
1 TL gerebelter Oregano
2 TL vegetarische Gemüsebrühe (Instantpulver)
4 EL Sahne

1. Die Aubergine putzen, waschen und in kleine Würfel schneiden. Danach leicht salzen, etwa 10 Minuten Wasser ziehen lassen und danach mit Küchenkrepp vorsichtig trockentupfen.
2. Die Zucchini waschen, putzen, der Länge nach halbieren und in Scheiben schneiden. Die Tomaten über Kreuz einritzen, kurz überbrühen, abschrecken, enthäuten und zerkleinern.
3. Die Zwiebel und den Knoblauch schälen und beides fein hacken.
4. Das Öl in einer Pfanne erhitzen und das Hackfleisch zu-

sammen mit Zwiebelwürfeln und Knoblauch darin kräftig anbraten.

5. Aubergine und Zucchini hinzufügen und mit andünsten. Die Tomaten ebenfalls in die Pfanne geben. 180 ml Wasser angießen und anschließend alles zugedeckt bei schwacher Hitze etwa 15 Minuten köcheln lassen.

6. Die Hackfleischpfanne mit Rosmarin, Oregano und vegetarischer Gemüsebrühe würzen und mit der Sahne verfeinern.

Hähnchen-Gemüse-Gulasch

Eiweißgericht

Für 2 Portionen
Zubereitungszeit: ca. 50 Minuten
ca. 460 kcal

100 g grüne Erbsen (ersatzweise TK-Ware)
1 Stange Lauch
2 Möhren
200 g kleine Champignons
1 säuerlicher Apfel (z. B. Boskop)
300 g Hähnchenbrustfilet
2 EL kaltgepresstes Sonnenblumenöl
1–2 TL Kräutersalz
2 TL rosenscharfes Paprikapulver
4 EL süße Sahne
100 g frische, gut gewaschene Linsenkeimlinge
2 TL fein gehackter Kerbel

1. Das Gemüse und die Pilze putzen, waschen bzw. schälen. Den Lauch in schmale Ringe schneiden. Die Möhren der Länge nach vierteln und quer in etwa 4 cm lange Stifte schneiden. Die Champignons halbieren.
2. Den Apfel schälen, vierteln, entkernen und die Viertel grob würfeln.
3. Das Hähnchenfleisch in etwa $2^1/_2$ cm dicke Würfel schneiden. Das Öl in einer Pfanne erhitzen und das Fleisch darin von allen Seiten kräftig anbraten.
4. Das vorbereitete Gemüse und die Apfelwürfel hinzufügen und alles unter Rühren etwa 10 Minuten schmoren lassen.

Anschließend das Ganze mit Salz und Paprikapulver abschmecken.

5. Die Sahne zusammen mit etwa 3 Esslöffeln Wasser mischen und zum Gulasch geben. Den Topf schließen und
das Hähnchen-Gemüse-Gulasch bei geringer Hitze weitere
10 Minuten köcheln lassen. Anschließend die Keimlinge
sowie den Kerbel darauf streuen.

Bunte Würstchenspieße

Eiweißgericht

Für 2 Portionen
Zubereitungszeit: ca. 30 Minuten
ca. 540 kcal

1 große Zwiebel
je 1 gelbe und grüne Paprikaschote
8 Kirschtomaten
6 Geflügelwürstchen
2 EL Sojasauce
2 EL kaltgepresstes Olivenöl
50 ml frisch gepresster Orangensaft
etwas Meersalz
$^1/_4$ TL Cayennepfeffer

1. Die Zwiebel schälen und in Spalten schneiden. Die Paprikaschoten waschen und in mundgerechte Würfel schneiden. Den Backofengrill (175 °C) oder einen Holzkohlengrill vorheizen.
2. Die Tomaten waschen, die Würstchen in dicke Scheiben
   schneiden. Die Gemüse- und Wurststücke abwechselnd
   mit den Kirschtomaten auf 2 Grillspieße stecken.
3. Die Sojasauce mit Öl und Orangensaft verrühren und mit
   Salz und Cayennepfeffer würzen. Die Spieße damit bestreichen und im vorgeheizten Backofen auf der mittleren
   Schiene oder auf dem Grill von allen Seiten 10–12 Minuten grillen. Zu den Spießen Sojasauce servieren.

Frikadellen mit Gemüse

Eiweißgericht

Für 2 Portionen
Zubereitungszeit: ca. 40 Minuten
ca. 520 kcal

8 Möhren
1 große Zwiebel
300 g Rinderhackfleisch
2 Eigelb
1–2 TL Kräutersalz
6 EL fein gehackte Kräuter (Petersilie, Thymian, Majoran)
4 TL ungehärtetes Pflanzenfett (aus dem Reformhaus)
6 Frühlingszwiebeln
1 große Zucchini
2 EL Butter
2 TL vegetarische Gemüsebrühe (Instantpulver)

1. Die Möhren schälen, 2 Möhren fein reiben und die restlichen in Scheiben schneiden. Die Zwiebel schälen und sehr fein würfeln.
2. Das Hackfleisch in eine Schüssel geben und mit Eigelben, Kräutersalz, Zwiebelwürfeln, Möhrenraspeln und 4 Esslöffeln Kräutern mischen. Diese Masse einige Minuten durchziehen lassen.
3. Inzwischen das Gemüse vorbereiten. Die Frühlingszwiebeln in Ringe schneiden. Die Zucchini waschen und in Scheiben hobeln.
4. Das Gemüse in der zerlassenen Butter andünsten. Etwa 5 Esslöffel Wasser dazugeben und alles mit der Brühe ab-

schmecken. Das Gemüse anschließend 10 bis 15 Minuten dünsten.

5. Inzwischen aus dem Fleischteig 2 Frikadellen formen. Das Fett in einer Pfanne erhitzen und die Frikadellen darin auf beiden Seiten braun und knusprig braten.

6. Das Gemüse zusammen mit den Frikadellen anrichten und alles mit frischen Kräutern bestreuen.

Putenrahmschnitzel mit Bohnensalat

Eiweißgericht

Für 2 Portionen
Zubereitungszeit: ca. 35 Minuten
ca. 650 kcal

600 g grüne Bohnen
etwas Meersalz
1 Zweig Bohnenkraut
175 g Sahnedickmilch
1 EL Balsamessig
1 EL kaltgepresstes Sonnenblumenöl
1 TL Kräutersalz
1 Zwiebel
2 Putenschnitzel à ca. 150 g
etwas Kräutersalz
$1/4$ TL Cayennepfeffer
15 g ungehärtetes Kokosfett
100 g süße Sahne (30 % Fett)

1. Die Bohnen putzen, wenn nötig abfädeln, in etwa 3 cm lange Stücke schneiden und in wenig leicht gesalzenem Wasser zusammen mit dem Bohnenkraut in etwa 15 Minuten bissfest garen. Die Bohnen abgießen und abkühlen lassen.
2. Inzwischen für die Sauce die Sahnedickmilch mit Essig, Öl und Kräutersalz verrühren. Die Zwiebel schälen, sehr fein würfeln und in die Sauce geben. Die Salatsauce mit den abgekühlten Bohnen mischen.
3. Die Putenschnitzel abspülen, trockentupfen und mit dem Kräutersalz und dem Cayennepfeffer würzen.

4. Das Fett in einer Pfanne erhitzen und die Schnitzel darin auf beiden Seiten jeweils 4–5 Minuten braten. Sie anschließend an den Pfannenrand schieben. Dann den Bratensatz mit 100 ml Wasser und der Sahne loskochen und die Sauce mit etwas Salz nachwürzen.

5. Die Schnitzel auf 2 Tellern anrichten, mit der Rahmsauce begießen und zusammen mit dem Bohnensalat servieren.

TIPP
Geflügelfleisch verleiht unseren Körperzellen »Flügel«, denn es ist ein guter Lieferant für Niacin. Dieses Vitamin wird für den Aufbau von Enzymen benötigt, die für die Energiegewinnung in den Körperzellen zuständig sind.

Geschnetzeltes mit feinem Gemüse

Eiweißgericht

Für 2 Portionen
Zubereitungszeit: ca. 45 Minuten
ca. 520 kcal

1 Zwiebel
125 g Champignons
3 reife Tomaten
300 g Kalbfleisch zum Braten
1 EL Butter
250 ml vegetarische Gemüsebrühe
1 Msp. Cayennepfeffer
$^1/_2$ TL getr. Oregano
etwas Kräutersalz
70 g saure Sahne
600 g Zuckerschoten
1 Bund Frühlingszwiebeln
1 EL Butter
250 ml vegetarische Gemüsebrühe
3 EL gehackte Petersilie

1. Die Zwiebel schälen und in feine Würfel schneiden. Die Champignons putzen und in Scheiben schneiden. Die Tomaten enthäuten, halbieren, entkernen und in kleine Würfel schneiden. Das Fleisch kalt abspülen, trockentupfen, zunächst in dünne Scheiben und dann in Streifen schneiden.

2. Die Butter in einer Pfanne zerlassen und die Zwiebelwürfel unter Wenden darin anbraten. Dann die Pilze zufügen und

kurz mitdünsten lassen. Das Fleisch unter Rühren dazugeben und leicht braun anbraten. Die Brühe angießen und
die Tomatenwürfel dazugeben. Das Ganze mit Cayennepfeffer, Oregano und Kräutersalz würzen und bei geringer
Hitze etwa 20 Minuten köcheln lassen.

3. Die Zuckerschoten putzen. Die Frühlingszwiebeln putzen
und sehr fein würfeln.

4. Die Butter in einem Topf zerlassen und die Zwiebeln darin
andünsten. Die Zuckerschoten hinzufügen und kurz mitdünsten. Mit der Gemüsebrühe ablöschen und etwa 10 Minuten zugedeckt köcheln lassen. Das Geschnetzelte mit
der Sahne verfeinern und mit der Petersilie garnieren.

Putenspieße mit Tomatensalat

Eiweißgericht

Für 2 Portionen
Zubereitungszeit: ca. 55 Minuten
ca. 510 kcal

500 g Fleischtomaten
1 mittelgroße Gemüsezwiebel
1 TL Kräutersalz
1 TL kaltgepresstes Olivenöl
1 Zweig Basilikum
je 1 rote und 1 grüne Paprikaschote
4 mittelgroße Zwiebeln
12 Kirschtomaten
12 kleine Champignons
350 g Putenbrustfleisch
2–3 EL Zitronensaft
5 EL kaltgepresstes Sonnenblumenöl
1 TL gehackter Thymian
1 TL Meersalz
1 TL Paprikapulver edelsüß
1 Knoblauchzehe

1. Für den Salat die Fleischtomaten waschen, die Stielansätze herausschneiden und in schmale Spalten schneiden.
2. Die Gemüsezwiebel schälen, in dünne Ringe schneiden und mit den Tomaten mischen.
3. Den Salat mit Kräutersalz würzen, mit Sonnenblumenöl beträufeln und mit den gewaschenen Basilikumblättern garnieren. Beiseite stellen.

4. Für die Spieße die Paprikaschoten putzen, waschen und in grobe Stücke schneiden.

5. Die Zwiebeln schälen und vierteln. Die Kirschtomaten waschen und die Stielansätze herausschneiden.

6. Die Champignons putzen, kurz waschen und die Stiele herausdrehen.

7. Das Fleisch kurz abspülen, trockentupfen und in 2 cm große Würfel schneiden.

8. Fleisch und Gemüse in bunter Reihenfolge auf Spieße stecken und mit Zitronensaft beträufeln.

9. Aus Sonnenblumenöl, Thymian, Salz und Paprikapulver eine Marinade rühren und die geschälte, durchgepresste Knoblauchzehe dazugeben.

10. Die Spieße rundherum mit der Marinade einpinseln. In einer Grillpfanne oder unter dem Grill 20 bis 25 Minuten grillen. Zwischendurch wenden und erneut mit der Marinade bestreichen.

Hähnchenkeulen mit Gemüse

Eiweißgericht

Für 2 Portionen
Zubereitungszeit: ca. 30 Minuten
Backzeit: ca. 30 Minuten
ca. 670 kcal

500 g reife Tomaten
300 g Fenchelknolle
4 Hähnchenschenkel
1 TL Meersalz
1 TL Paprikapulver, edelsüß
1 TL getr. Rosmarin
3 EL kaltgepresstes Olivenöl
1–2 Knoblauchzehen
200 ml vegetarische Gemüsebrühe (Instantpulver)
60 g süße Sahne (30 % Fett)
1 TL Currypulver
Meersalz
$1/2$ TL Kurkuma
$1/4$ TL Cayennepfeffer

1. Die Tomaten über Kreuz einritzen, kurz überbrühen, abschrecken und enthäuten. Sie dann halbieren, entkernen und die Stielansätze herausschneiden. Das Fruchtfleisch in Würfel schneiden.
2. Den Fenchel putzen, waschen und in Scheiben schneiden. Die Hähnchenschenkel kalt abspülen, trockentupfen und mit Salz, Paprikapulver und Rosmarin einreiben. Das Öl in einer Pfanne erhitzen und die Hähnchenschenkel darin

anbraten. Anschließend mit einem Pfannenwender herausnehmen und beiseite legen. Den Backofen auf 170 °C (Umluft: 150 °C, Gas: Stufe 2) vorheizen.

3. Den Fenchel in der Pfanne im verbliebenen Öl anbraten. In eine feuerfeste Form geben, die Tomatenwürfel und die Knoblauchzehen hinzufügen und die Brühe angießen. Die Hähnchenschenkel obenauf legen. Das Ganze im vorgeheizten Backofen etwa 30 bis 40 Minuten braten.

4. Das Fleisch auf 2 Tellern anrichten. Die Sahne unter das Gemüse rühren, mit Curry, Salz, Kurkuma und Cayennepfeffer würzen. Das Gemüse zusammen mit dem Fleisch servieren.

Rinderrouladen mit Blattspinat

Eiweißgericht

Für 2 Portionen
Zubereitungszeit: ca. 2 Stunden
ca. 870 kcal

1 große Gemüsezwiebel
2 Rinderrouladen
750 g frischer Spinat
50 g roher Rinderschinken, dünn geschnitten
30 g ungehärtetes Kokosfett
350 ml Gemüsebrühe
10 g getr. Steinpilze
1 Lorbeerblatt
1 kleine Zwiebel
1 Knoblauchzehe
2 EL kaltgepresstes Sonnenblumenöl
2 TL vegetarische Gemüsebrühe (Instantpulver)
5 EL süße Sahne
3–4 Messlöffel Nestargel (Reformhaus)
4 EL saure Sahne

1. Die Gemüsezwiebel schälen und in Würfel schneiden. Die Rouladen kalt abspülen, trockentupfen und flach auf eine Arbeitsfläche legen.
2. Spinatblätter gründlich waschen, kurz blanchieren, trockentupfen und einige gleichmäßig auf das Fleisch verteilen. Den Schinken und einige der Zwiebelwürfel darauf geben. Die Rouladen möglichst fest zusammenrollen und mit Holzspießchen feststecken.

2. Das Fett in einem Bräter erhitzen und die Rouladen darin rundherum braun anbraten. Die restlichen Zwiebelwürfel dazugeben und mitbraten. Mit der Brühe aufgießen, Pilze und Lorbeerblatt dazugeben und das Ganze bei geschlossenem Deckel etwa $1^1/_2$ Stunden schmoren lassen.

3. Inzwischen die Zwiebel und den Knoblauch schälen, fein würfeln und im Öl glasig dünsten. Spinat hinzufügen und unter Rühren zusammenfallen lassen. Das Gemüse mit der Gemüsebrühe abschmecken und mit der Sahne verfeinern. Nach Belieben den Spinat grob hacken.

4. Für die Rouladensauce Nestargel mit der sauren Sahne verrühren und dann die Sauce damit binden (Packungsanweisung).

Matjesfilets mit grünen Bohnen

Kohlenhydratgericht

Für 2 Portionen
Zubereitungszeit: ca. 30 Minuten
ca. 740 kcal

4 Matjesfilets (ca. 200 g)
6 kleine Kartoffeln
etwas Meersalz
300 g grüne Bohnen oder TK-Bohnen
1 TL Gemüsebrühe (Instantpulver)
1 Zwiebel

1. Die Kartoffeln in Salzwasser als Pellkartoffeln garen.
2. Inzwischen die Bohnen waschen, putzen und in mundgerechte Stücke schneiden. Die frischen oder die TK-Bohnen knapp mit Wasser bedeckt mit der Gemüsebrühe in etwa 15 Minuten bissfest garen.
3. Die Zwiebel schälen, würfeln und glasig dünsten.
4. Die Bohnen nach der Garzeit abgießen und mit den Zwiebeln mischen.
5. Die Matjesfilets auf Teller legen. Bohnen und Kartoffeln mit Schale daneben anrichten.

Curryfisch

Eiweißgericht

Für 2 Portionen
Zubereitungszeit: ca. 30 Minuten
ca. 250 kcal

300 g Fischfilet (z. B. Kabeljau, Rotbarsch, Seelachs oder
  Scholle)
2 EL Zitronensaft
etwas Meersalz
Cayennepfeffer
1 Zucchini
2 Stauden Chicorée
4 EL Crème fraîche
2 TL Currypulver

1. Das Fischfilet mit $1/2$ Esslöffel Zitronensaft, Salz und Pfeffer
   würzen.
2. Die Zucchini waschen, putzen und in Scheiben schneiden.
   Den Chicorée waschen, den bitteren Strunk am unteren
   Ende keilförmig herausschneiden und den Chicorée in
   Streifen schneiden.
3. Dann 200 ml Wasser mit Crème fraîche, $1^1/2$ Esslöffel Zitronensaft, Currypulver, Salz und Pfeffer verrühren.
4. Die Currysauce in einer Pfanne aufkochen lassen. Den
   Fisch im Ganzen sowie die Zucchinischeiben dazugeben
   und alles etwa 5 Minuten in der Sauce köcheln lassen. Den
   Fisch dabei einmal vorsichtig wenden.
5. Kurz vor Ende der Garzeit den Chicorée unter den Curry-
   fisch heben.

Lachsragout

Eiweißgericht

Für 2 Portionen
Zubereitungszeit: ca. 30 Minuten
ca. 590 kcal

300 g Lachsfilet
etwas Meersalz
Cayennepfeffer
einige Tropfen Zitronensaft
4 Schalotten oder 2 Zwiebeln
2 Knoblauchzehen
200 g Shiitake-Pilze
300 g Blattspinat
2 EL Öl
200 ml Weißwein
4 EL Crème fraîche

1. Das Lachsfilet grob würfeln und mit Salz, Pfeffer und Zitronensaft würzen.
2. Die Schalotten oder die Zwiebeln und die Knoblauchzehen schälen, alles fein würfeln. Die Pilze kurz waschen, putzen und halbieren. Den Spinat verlesen und waschen.
3. Das Öl in einem Topf erhitzen und die Pilze darin anbraten. Schalotten oder Zwiebeln und Knoblauch dazugeben und glasig dünsten.
4. Nach und nach den Wein dazugießen und die Flüssigkeit bis auf 1 Esslöffel einkochen lassen. Die Crème fraîche hineinrühren, die Sauce mit Salz und Pfeffer abschmecken und sie einmal kurz aufkochen lassen.

5. Den Spinat in die Sauce geben und zugedeckt zusammenfallen lassen. Die Fischwürfel dazugeben und bei schwacher Hitze in etwa 6 Minuten gar ziehen lassen.

Schollenröllchen

Eiweißgericht

Für 2 Portionen
Zubereitungszeit: ca. 30 Minuten
ca. 320 kcal

2 Orangen
400 g Schollenfilets
1 TL Kräutersalz
1 EL Butter
3 EL süße Sahne (30 % Fett)
3 EL gehackter Dill

1. Die eine Orange auspressen, die andere Orange sorgfältig schälen, dabei auch die weiße Haut entfernen. Die Filets mit einem spitzen Messer aus den Trennhäuten herausschneiden.
2. Die Schollenfilets waschen, trockentupfen, der Länge nach in 3 cm breite Streifen schneiden und leicht salzen.
3. Je 1 Orangenfilet auf einen Schollenstreifen legen, ihn zusammenrollen und mit einem Holzspießchen feststecken.
4. Die Butter in einer Pfanne schmelzen lassen und die Fischröllchen hineinsetzen. 100 ml Wasser und den Orangensaft angießen und den Fisch zugedeckt bei schwacher Hitze in etwa 8 Minuten gar ziehen lassen.
5. Zuletzt die Sahne in den Kochsud einrühren und das Gericht mit dem gehackten Dill bestreuen.

Viktoriabarschfilet auf gedünstetem Mittelmeergemüse

Eiweißgericht

Für 2 Portionen
Zubereitungszeit: ca. 45 Minuten
ca. 270 kcal

400 g Viktoriabarschfilet
etwas Meersalz
2 EL Zitronensaft
1 kleine Fenchelknolle
1 rote Paprikaschote
$^1/_2$ Bund Frühlingszwiebeln
4 Stangen Staudensellerie
$^1/_4$ l vegetarische Gemüsebrühe (aus Instantpulver)
etwas Kräutersalz
etwas Cayennepfeffer
1 Zweig Estragon

1. Die Fischfilets waschen, trockentupfen und auf einen Teller legen. Sie anschließend salzen, mit dem Zitronensaft beträufeln und kühl stellen.
2. Das Gemüse waschen und putzen. Den Fenchel in etwa $^1/_2$ cm dicke Spalten schneiden, die Paprikaschote entkernen und grob würfeln. Die Frühlingszwiebeln und den Staudensellerie in etwa 2 cm große Stücke schneiden.
3. Den Ofen auf 200 °C vorheizen. Das vorbereitete Gemüse in eine feuerfeste Form (am besten aus Glas) schichten. Die Brühe mit Kräutersalz und Cayennepfeffer kräftig würzen und darauf gießen.

4. Den Estragon waschen, die Blätter abzupfen und sie auf dem Gemüse verteilen. Zuletzt die Fischfilets darauf legen. Das Ganze mit einem gut schließenden Deckel oder Alufolie abdecken und in den vorgeheizten Ofen schieben.

5. Alles etwa 35 Minuten im Ofen garen. Der Fisch ist gar, wenn er sich mit einer Gabel leicht zerteilen lässt.

TIPP

Dieses Gericht können Sie auch auf dem Herd zubereiten. Es benötigt auf diese Weise auch nur 20 Minuten Garzeit, allerdings müssen Sie nach dem ersten Aufkochen die Hitze verringern, damit das Gemüse nicht anbrennt.

Seelachs mit Blumenkohlsalat

Eiweißgericht

Für 2 Portionen
Zubereitungszeit: ca. 50 Minuten
ca. 660 kcal

500 g Seelachsfilet
etwas weiche Butter
2 EL Zitronensaft
etwas Meersalz
2 EL gehackte Kräuter (Dill, Kerbel, Petersilie, Schnittlauch)
1 Blumenkohl
125 ml Milch
1 kleine Zwiebel
1 EL kaltgepresstes Sonnenblumenöl
1 EL Obstessig
etwas Kräutersalz
4 EL saure Sahne
1 TL Paprikapulver, edelsüß

1. Einen Grill vorheizen. Das Fischfilet kalt abspülen, trockentupfen, in 2 Portionen schneiden und auf 2 gefettete
   Stücke Alufolie legen. Mit Zitronensaft beträufeln und mit
   Meersalz salzen. Die Kräuter auf dem Fisch verteilen und
   die Folie gut verschließen. Auf dem Grill in 20 bis 25 Minuten garen.
2. Den Blumenkohl waschen, putzen und in kleine Röschen
   teilen. In einem Topf $^1/_2$ l Wasser mit der Milch zum Kochen bringen und leicht salzen. Den Blumenkohl zugedeckt etwa 15 Minuten darin leicht köcheln lassen. Da-

nach mit dem Schaumlöffel herausheben und abkühlen lassen.

3. Für die Sauce die Zwiebel schälen, fein würfeln und mit dem Öl, 100 ml Blumenkohlbrühe und dem Essig verrühren. Kräutersalz und Sahne unterrühren. Den Salat mit Paprikapulver bestäuben.

Fischspießchen mit Tomatensalat

Eiweißgericht

Für 2 Portionen
Zubereitungszeit: ca. 45 Minuten
ca. 590 kcal

je 1 gelbe und grüne Paprikaschote
3 Zwiebeln
12 kleine Champignons
12 Kirschtomaten
400 g festfleischiger Fisch (z. B. Goldbarsch, Heilbutt, See-
    zunge)
2–3 EL Zitronensaft
4 EL kaltgepresstes Sonnenblumenöl
etwas Kräutersalz
4 EL Sojasauce
600 g vollreife Tomaten
1 Zwiebel
1 EL Sonnenblumenöl
etwas Meersalz
einige Blättchen Basilikum

1. Den Backofengrill oder einen Holzkohlengrill vorheizen.
   Für die Spieße die Paprikaschoten putzen, waschen, trockentupfen und in grobe Stücke schneiden. Die Zwiebeln
   schälen und vierteln. Die Champignons putzen, waschen,
   trockentupfen und die Stiele herausdrehen. Die Tomaten
   waschen und trockentupfen.
2. Den Fisch kalt abspülen, trockentupfen und in mundgerechte Würfel schneiden. Den Fisch und das Gemüse ab-

wechselnd auf Grillspieße stecken und mit dem Zitronensaft beträufeln. Anschließend die Spieße rundherum mit
Öl bestreichen und mit Salz bestreuen.

3. Die Spieße auf ein Stückchen Alufolie oder in eine Grillpfanne legen, 20 bis 25 Minuten im vorgeheizten Backofen
oder auf dem Grill von allen Seiten grillen und zwischendurch mit der Sojasauce beträufeln.

4. Für den Salat die Tomaten waschen, trockentupfen und die
Stielansätze herausschneiden. Die Tomaten in dünne
Scheiben schneiden.

5. Die Zwiebel schälen, fein würfeln und mit den Tomaten
mischen. Den Salat mit dem Öl beträufeln, salzen und mit
den gehackten Basilikumblättchen bestreuen. Die Spieße
zusammen mit dem Tomatensalat servieren.

TIPPS

Damit der Fisch beim Wenden nicht zerfällt, können die
Spieße auch einzeln in Alufolie gewickelt werden.

Elastische und leistungsfähige Gefäße dank Tomaten: Sie
enthalten das Carotinoid Lykopin, das die Bildung von LDL-
Cholesterin und damit auch dessen Ablagerung an den Ge-
fäßinnenwänden verhindern kann.

Fischgratin auf Spinatbett

Eiweißgericht

Für 2 Portionen
Zubereitungszeit: ca. 35 Minuten
Backzeit: ca. 25 Minuten
ca. 560 kcal

400 g Rotbarschfilet oder ein anderes Fischfilet
1–2 EL Zitronensaft
etwas Meersalz
500 g Blattspinat
400 g Tomaten
1 Zwiebel
1–2 Knoblauchzehen
$1^1/_2$ EL kaltgepresstes Sonnenblumenöl
etwas Kräutersalz
1 TL getr. Oregano
80 g geriebener mittelalter Gouda (45 % Fett i. Tr.)

1. Den Fisch säubern, kalt abspülen, trockentupfen, in grobe Würfel schneiden, mit dem Zitronensaft beträufeln und leicht salzen.
2. Den Spinat putzen, gründlich waschen und kurz in kochendem Salzwasser blanchieren. Die Tomaten über Kreuz einritzen, überbrühen, mit kaltem Wasser abschrecken, enthäuten und entkernen. Das Fruchtfleisch in kleine Würfel schneiden.
3. Die Zwiebel und den Knoblauch schälen und beides fein hacken. Das Öl in einer Pfanne erhitzen und die Zwiebel- und Knoblauchwürfel kurz anbraten. Den Fisch dazugeben

und von allen Seiten einige Minuten scharf anbraten. Den Backofen auf 200 °C (Umluft 180 °C, Gas Stufe 3) vorheizen.

4. Den blanchierten Spinat in eine ofenfeste Auflaufform geben und die Fischstücke mit der Zwiebel-Knoblauch-Mischung darauf verteilen. Das Ganze mit dem Kräutersalz und dem Oregano würzen und mit den gewürfelten Tomaten bedecken. Zum Schluss den geriebenen Käse darüber streuen und das Gratin auf der mittleren Schiene im vorgeheizten Backofen in etwa 25 Minuten goldgelb überbacken.

TIPP

Spinat ist wie alle grünen Gemüse reich an Chlorophyll. Dieser Stoff wandelt in Pflanzen Sonnenlicht in Pflanzensubstanz um – und in unserem Körper macht er Krebs erregende Stoffe unschädlich.

Scharfe Spaghetti mit getrockneten Tomaten

Kohlenhydratgericht

Für 2 Portionen
Zubereitungszeit: ca. 20 Minuten
ca. 590 kcal

etwas Meersalz
250 g Vollkornspaghetti
1 TL kaltgepresstes Olivenöl für die Nudeln
3 EL Öl (von den eingelegten Tomaten oder kaltgepresstes
    Olivenöl)
8 getrocknete Tomaten (in Öl eingelegt)
1 rote Chilischote
1 Knoblauchzehe
etwas Kräutersalz
2 EL Pinienkerne

1. In einem großen Topf reichlich leicht gesalzenes Wasser zum Kochen bringen. Das Olivenöl hinzufügen und die Spaghetti darin nach Packungsanweisung bissfest garen.
2. In der Zwischenzeit die Tomaten aus dem Öl nehmen, in ein Sieb geben und das abtropfende Öl dabei auffangen. Das Fruchtfleisch sehr fein hacken. Die Chilischote waschen, aufschlitzen und die Kerne herausschaben. Die Schote danach sehr fein würfeln.
3. Den Knoblauch schälen und in eine mittelgroße Schüssel pressen. Ihn mit den Tomaten- und den Chilistücken sowie dem Öl verrühren. Die Sauce etwas mit Kräutersalz würzen.

4. Die Spaghetti abschütten, zu der Sauce in die Schüssel geben und darin wenden. Danach auf 2 tiefe Teller verteilen
   und die Pinienkerne darauf streuen.

TIPP
Essen Sie dazu frisch aufgeschnittene Tomaten.

Käsespätzle mit Salat

Kohlenhydratgericht

Für 2 Portionen
Zubereitungszeit: ca. 30 Minuten
ca. 690 kcal

3 Zwiebeln
1 TL Butter
250 g gekochte Vollkornspätzle oder andere Vollkornnudeln
(ca. 100 g Rohgewicht)
etwas Meersalz
Cayennepfeffer
60 g Rahmgouda (60 % Fett i. Tr.)
$^1/_2$ TL vegetarische Gemüsebrühe (Instantpulver)
$^1/_4$ Salatgurke
$^1/_2$ Bund Radieschen
$^1/_2$ Kopfsalat
50 g Joghurt (3,5% Fett)
etwas Kräutersalz
1 TL Obstessig
1 EL Schnittlauchröllchen

1. Den Backofen auf 200 °C vorheizen. Die Zwiebeln schälen, würfeln und in der Butter glasig braten.
2. Spätzle und Zwiebelwürfel mischen, mit Meersalz und Pfeffer würzen und in eine große ofenfeste Form geben.
3. Nun den Käse reiben, mit 4 Esslöffeln Wasser und der Gemüsebrühe verrühren und über die Nudeln geben. Die Nudeln 20 Minuten im Ofen überbacken.
4. Inzwischen für den Salat die Gurke und die Radieschen wa-

schen, putzen und in Scheiben schneiden. Den Kopfsalat
verlesen, waschen und in kleine Stücke zupfen.

5. Joghurt, 5 Esslöffel Wasser, etwas Kräutersalz, Essig und
Pfeffer zu einer Sauce verrühren und die Salatzutaten damit mischen. Den Salat mit Schnittlauch bestreuen.

Nudelpfanne mit Pilzen

Kohlenhydratgericht

Für 2 Portionen
Zubereitungszeit: ca. 30 Minuten
ca. 570 kcal

1 große Zwiebel
300 g Pilze (Champignons, Austern- oder Shiitake-Pilze)
2 Stauden Chicorée
1 Knoblauchzehe
1 EL Öl
etwas Meersalz
Cayennepfeffer
4 TL Butter
500 g gekochte Vollkornbandnudeln (ca. 200 g Rohge-
    wicht)

1. Die geschälte Zwiebel würfeln. Die Pilze kurz waschen, sorgfältig putzen und in Scheiben oder in Streifen schneiden.
2. Den Chicorée waschen, den bitteren Strunk unten großzügig keilförmig herausschneiden und den Chicorée in Streifen schneiden. Die Knoblauchzehe schälen und fein würfeln.
3. Das Öl in einer großen, beschichteten Pfanne erhitzen, Pilze und Zwiebel dazugeben und scharf anbraten. Anschließend mit Salz und Pfeffer würzen, die Masse an den Pfannenrand schieben und die Hitze der Kochplatte herunterschalten.
4. Auf der freien Fläche der Pfanne die Butter zerlassen. Nu-

deln, Knoblauch und Chicorée darin kurz braten, dann mit Salz und Pfeffer würzen.

5. Die Nudeln auf Tellern anrichten und die Pilze daneben anrichten.

Bandnudeln mit Zucchinisauce

Kohlenhydratgericht

Für 2 Portionen
Zubereitungszeit: ca. 20 Minuten
ca. 590 kcal

200 g Vollkornbandnudeln
etwas Meersalz
1 Zucchini
100 g roher Rinder- oder Lammschinken
2 EL Crème fraîche
$1/2$ TL vegetarische Gemüsebrühe (Instantpulver)
Cayennepfeffer
1 Knoblauchzehe
3 EL gehacktes Basilikum

1. Die Nudeln in Salzwasser bissfest garen.
2. Inzwischen die Zucchini waschen, putzen und würfeln. Den Schinken in Streifen schneiden.
3. Die Crème fraîche mit 80 ml Wasser und der Instant-Gemüsebrühe verrühren, die Sauce mit Salz und Pfeffer würzen und in einem Topf aufkochen lassen. Zucchiniwürfel und geschälte, zerdrückte Knoblauchzehe dazugeben und alles etwa 5 Minuten köcheln lassen.
4. Die Nudeln abtropfen lassen, auf einen Teller geben und die Zucchinisauce darüber gießen. Das Gericht mit dem Schinken und dem Basilikum bestreuen.

Nudelgratin

Kohlenhydratgericht

Für 2 Portionen
Zubereitungszeit: ca. 45 Minuten
ca. 730 kcal

170 g Vollkornspiralen
etwas Meersalz
$^1/_2$ EL Sonnenblumenöl
1 kleine rote Paprikaschote
125 g süße Sahne (30 % Fett)
1 EL vegetarische Gemüsebrühe (Instantpulver)
1 Msp. Cayennepfeffer
$^1/_2$ TL Pizzagewürz
1 TL Kräutersalz
100 g Wörishofener Käse (60 % Fett i. Tr.)

1. Die Vollkornnudeln in reichlich leicht gesalzenem, sprudelndem Wasser, zusammen mit dem Sonnenblumenöl, bissfest garen, dann abgießen. Den Backofen auf 175 °C vorheizen.

2. In der Zwischenzeit die Paprikaschote waschen, halbieren, entkernen und das Fruchtfleisch in sehr feine Würfel schneiden.

3. Dann die Nudeln in eine gefettete Auflaufform geben und die Paprikawürfel sorgfältig untermischen.

4. Für die Sauce die Sahne mit 125 ml Wasser verrühren. Mit der vegetarischen Gemüsebrühe, dem Cayennepfeffer, dem Pizzagewürz und dem Kräutersalz pikant abschmecken.

5. Die Sahnesauce über die Nudeln gießen. Den Käse in schmale Streifen schneiden und das Gratin gleichmäßig damit bedecken.

6. Das Nudelgratin im Ofen etwa 20 Minuten überbacken, bis der Käse schön geschmolzen ist.

Makkaroni »Napoli«

Kohlenhydratgericht

Für 2 Portionen
Zubereitungszeit: ca. 1 Stunde 10 Minuten
ca. 330 kcal

1 mittelgroße Aubergine
1 Zwiebel
2 Knoblauchzehen
1 rote Paprikaschote
2 EL kaltgepresstes Olivenöl
1 TL Rosmarin
1 TL Chilipulver
1 TL Kräuter der Provence
1 TL vegetarische Gemüsebrühe (Instantpulver)
2 reife Tomaten
100 g rohe Vollkornmakkaroni
etwas Meersalz
einige Basilikumblätter

1. Den Backofen auf 220 °C vorheizen. Den Stielansatz der Aubergine abschneiden und die Frucht in Alufolie wickeln (matte Seite nach außen). Die Aubergine in den Ofen legen und in etwa 40 Minuten garen.

2. In der Zwischenzeit die Zwiebel und den Knoblauch schälen und würfeln. Das Kerngehäuse der Paprikaschote entfernen, das Fruchtfleisch zerkleinern und alles zusammen im Öl anbraten.

3. Das Gemüse mit dem Rosmarin und Chilipulver, den Kräutern der Provence und der Gemüsebrühe abschmecken.

4. Die gegarte Aubergine aus der Folie nehmen, die Haut abziehen und das Fruchtfleisch klein schneiden. Es zu der Gemüsemischung geben, alles mit dem Schneidstab pürieren und dann erkalten lassen.

5. Die Stielansätze der Tomaten entfernen, die Tomaten vierteln und ebenfalls pürieren. Das Tomatenmus nach Belieben durch ein Sieb streichen, zur kalten Gemüsesauce geben und diese eventuell noch nachwürzen.

6. Die Nudeln in leicht gesalzenem Wasser in 10 bis 12 Minuten bissfest garen. Sie dann abgießen, gut abtropfen lassen und zusammen mit der kalten Gemüsesauce anrichten. Mit einigen in Streifen geschnittenen Basilikumblättern garnieren.

Chicorée-Reis-Pfanne

Kohlenhydratgericht

Für 2 Portionen
Zubereitungszeit: ca. 30 Minuten
ca. 490 kcal

2 Stauden Chicorée
2 Bananen
1 TL vegetarische Gemüsebrühe (Instantpulver)
2 TL Currypulver
etwas Meersalz und Cayennepfeffer
2 EL kaltgepresstes Sonnenblumenöl
2 EL gehackte Haselnüsse
2 EL ungeschwefelte Rosinen
250 gekochter Naturreis (ca. 100 g Rohgewicht)

1. Den Chicorée waschen, den bitteren Strunk keilförmig herausschneiden, den Chicorée der Länge nach halbieren und dann in breite Streifen schneiden. Die Banane schälen und schräg in dicke Scheiben schneiden.
2. Dann 8 Esslöffel Wasser mit Gemüsebrühe, Currypulver, Salz und Pfeffer zu einer Sauce verrühren.
3. Eine beschichtete Pfanne erhitzen und das Öl hinein geben. Die Hälfte der Bananenscheiben darin unter Rühren scharf anbraten, bis diese ziemlich zerfallen sind. Dann die Hitze herunter schalten.
4. Chicoréestreifen, Nüsse, Rosinen und Reis in die Pfanne geben. Die Currysauce dazugießen, alles einmal umrühren und etwa 1 Minute kochen lassen. Zum Schluss die restlichen Bananenscheiben unter das Gericht heben.

Spinat-Reis-Pfanne

Kohlenhydratgericht

Für 2 Portionen
Zubereitungszeit: ca. 30 Minuten
ca. 570 kcal

600 g Blattspinat
300 g rosa Champignons
1 große Zwiebel
2 EL Öl
250 g gekochter Naturreis (ca. 100 g Rohgewicht)
1 Knoblauchzehe
etwas Meersalz
Cayennepfeffer
120 g geriebener Rahmgouda (60 % Fett i. Tr.)

1. Den Spinat verlesen, gründlich waschen und grob hacken. Die Champignons kurz waschen, putzen und in Scheiben schneiden. Die Zwiebel schälen und würfeln.
2. Das Öl in einem Topf erhitzen. Pilze und Zwiebel darin anbraten. Den Reis und die geschälte, zerdrückte Knoblauchzehe dazugeben und alles mit Salz sowie Pfeffer würzen. Eventuell etwas Wasser dazugießen.
3. Den Spinat nach und nach zum Reis geben und zusammenfallen lassen. Das Gericht nochmals mit Salz und Pfeffer abschmecken, dann mit dem geriebenen Käse bestreuen.

Käserisotto mit grünem Spargel

Kohlenhydratgericht

Für 2 Portionen
Zubereitungszeit: ca. 50 Minuten
ca. 410 kcal

1 Zwiebel
2 EL kaltgepresstes Olivenöl
130 g Naturreis
250 ml vegetarische Gemüsebrühe (aus Instantpulver)
500 g grüner Spargel
1 TL Meersalz
60 g Butterkäse (mind. 60 % Fett i. Tr.)
3 EL gehackter Kerbel

1. Die Zwiebel schälen und fein würfeln. Das Öl in einem Topf erhitzen und die Zwiebelwürfel darin andünsten. Den Reis hinzufügen und glasig werden lassen. Die Brühe dazugießen, alles aufkochen lassen und den Reis zugedeckt bei schwacher Hitze in etwa 40 Minuten ausquellen lassen.

2. Inzwischen den Spargel waschen und eventuell die Enden abschneiden. Die Spargelstangen schräg in etwa 3 cm lange Stücke schneiden. Diese in reichlich leicht gesalzenem Wasser in etwa 15 Minuten bissfest kochen.

3. Den Käse in kleine Würfel schneiden und in dem fertig gegarten Reis schmelzen lassen. Die Spargelstücke und den Kerbel dann unter den Reis heben.

Gebratener Reis mit Gemüse

Kohlenhydratgericht

Für 2 Portionen
Zubereitungszeit: ca. 30 Minuten
ca. 380 kcal

2 rote Paprikaschoten
1 Stange Lauch
100 g Soja- oder Mungobohnensprossen
2 EL Öl
250 g gekochter Naturreis (ca. 100 g Rohgewicht)
etwas Meersalz
Cayennepfeffer
2 Msp. Sambal Oelek
2 EL Sesam

1. Die Paprikaschote vierteln, putzen, entkernen, waschen und klein würfeln. Den Lauch putzen, waschen und schräg in Ringe schneiden. Die Sprossen verlesen und waschen.
2. Eine beschichtete Pfanne erhitzen und das Öl dazugeben. Die Paprikawürfel darin anbraten und bei kleiner Hitze zugedeckt etwa 5 Minuten garen. Reis und Lauch in die Pfanne geben und kurz mitbraten.
3. Die Sprossen unter den Reis heben und alles mit Salz, Pfeffer sowie Sambal Oelek scharf abschmecken. Das Gericht mit dem Sesam bestreuen.

Asiatischer Gemüse-Reis-Topf

Kohlenhydratgericht

Für 2 Portionen
Zubereitungszeit: ca. 45 Minuten
Quellzeit: ca. 3 Stunden
ca. 440 kcal

100 g Basmati-Naturreis
2 mittelgroße Zucchini
100 g frische Shiitake-Pilze oder Austernpilze
je 1 rote und gelbe Paprikaschote
100 g Mungobohnensprossen
1 Zwiebel
1 Knoblauchzehe
2 EL kaltgepresstes Sonnenblumenöl
1 EL fein gehackter, frischer Ingwer
40 g Cashewkerne
125 ml vegetarische Gemüsebrühe (aus Instantpulver)
einige Spritzer Worcestersauce
1 EL Liebstöckel

1. Den Reis in einen Topf geben, mit kaltem Wasser bedecken und etwa 3 Stunden quellen lassen. Danach im geschlossenen Topf bei milder Hitze etwa 40 Minuten garen, anschließend abgießen.
2. Inzwischen die Zucchini waschen, trockentupfen, die Pilze abreiben und beides putzen und in dünne Scheiben schneiden. Die Paprikaschoten waschen, trockentupfen, putzen und klein würfeln. Die Mungobohnensprossen waschen und gut abtropfen lassen.

3. Die Zwiebel schälen und in dünne Spalten schneiden. Den Knoblauch schälen und durch die Presse drücken. Das Öl in einer Pfanne erhitzen, Zwiebel, Knoblauch und Ingwer im heißen Öl glasig dünsten.

4. Dann das gesamte Gemüse und die Cashewkerne hinzufügen und alles gründlich durchrühren. Die vegetarische Brühe angießen und alles zugedeckt etwa 15 Minuten garen. Den Reis hinzufügen, erwärmen. Den Gemüse-Reis-Topf mit einigen Spritzern Worcestersauce würzen und mit dem gewaschenen und sehr fein gehackten Liebstöckel bestreut servieren.

TIPP

Naturreis liefert uns viele B-Vitamine, die u. a. für die Zellerneuerung und die Bildung von Sexualhormonen benötigt werden, sowie das Antistress-Vitamin Pantothensäure.

Gemüsepaella

Kohlenhydratgericht

Für 2 Portionen
Zubereitungszeit: ca. 45 Minuten
ca. 520 kcal

2 große rote Paprikaschoten
1 kleine Zucchini
125 g Champignons
1 Zwiebel
10 Knoblauchzehen
3 EL kaltgepresstes Olivenöl
100 g Vollkorn-Basmatireis
300 ml vegetarische Gemüsebrühe (aus Instantpulver)
4 EL TK-Erbsen
1 Döschen Safran (2 g)
etwas Kräutersalz
1 TL Sambal Oelek
12 schwarze Oliven
1 kleines Bund glatte Petersilie

1. Paprikaschote der Länge nach in 8 gleich große Stücke schneiden, entkernen, waschen und trockentupfen. Die zweite Schote putzen, waschen, trockentupfen und in kleine Streifen schneiden.
2. Die Zucchini putzen, waschen, trockentupfen und in fingerdicke Stifte schneiden. Die Pilze putzen und in Scheiben schneiden.
3. Die Zwiebel und den Knoblauch schälen und würfeln.
4. Das Öl in einer Pfanne erhitzen, den Knoblauch und die

Paprikastücke darin anbraten. Anschließend die Paprika aus der Pfanne nehmen und beiseite legen.

5. Die Zwiebelstücke im verbliebenen Öl in der Pfanne andünsten. Den Reis hinzufügen und kurz anbraten. Dann mit der Gemüsebrühe ablöschen und bei schwacher Hitze etwa 20 Minuten köcheln lassen.

6. Die restlichen Paprikastreifen, Zucchini, Pilze, Erbsen und den Safran hinzufügen. Alles umrühren und weitere 15 bis 20 Minuten garen.

7. Die Paella mit dem Kräutersalz und dem Sambal Oelek abschmecken. Kurz vor Ende der Garzeit – die Flüssigkeit sollte fast ganz aufgesogen sein – die Paprikastreifen dekorativ auf die Paella legen und mit den Oliven und der Petersilie garnieren.

TIPP

Vollkornreis enthält reichlich Vitamin B1, das für die Bereitschaft des Nerven-Grundnahrungsmittels Glucose benötigt wird. Daher schützt eine gute Vitamin-B1-Versorgung vor Konzentrations- und Gedächtnisproblemen.

Kartoffelgratin mit Ziegenkäse und Pinienkernen

Kohlenhydratgericht

Für 2 Portionen
Zubereitungszeit: ca. 1 Stunde
ca. 690 kcal

1 Knoblauchzehe
1 kleine Zwiebel
400 g gegarte Pellkartoffeln
1 Zucchini
150 g Ziegenkäse (60% Fett i.Tr.)
100 g süße Sahne (30 % Fett)
200 ml vegetarische Gemüsebrühe (aus Instantpulver)
etwas Kräutersalz
etwas Cayennepfeffer
2 Msp. geriebene Muskatnuss
1 TL Thymianblätter
2 EL Pinienkerne

1. Den Knoblauch und die Zwiebel schälen. Eine Auflaufform mit der Knoblauchzehe ausreiben. Die Zwiebel fein würfeln.
2. Die Kartoffeln schälen. Die Zucchini waschen und putzen. Beides in 3 mm dünne Scheiben schneiden. Den Käse in kleine Würfel schneiden.
3. Den Backofen auf 200 °C vorheizen. Kartoffel-, Gemüse- und Käsestücke abwechselnd in die Auflaufform setzen.
4. Die Sahne und die Brühe in einer kleinen Schüssel mit Kräutersalz, Cayennepfeffer, Muskat und Thymian ver-

quirlen. Die Sauce sehr kräftig abschmecken und anschließend auf die eingeschichteten Zutaten gießen.

5. Zuletzt die Pinienkerne über das Gratin streuen und das
Ganze im vorgeheizten Ofen etwa 45 Minuten garen.

TIPP

Dazu passt Feldsalat mit Tomatenwürfelchen und einer Vinaigrette aus Molkosan und Olivenöl.

Kartoffel-Wirsing-Eintopf

Kohlenhydratgericht

Für 2 Portionen
Zubereitungszeit: ca. 35 Minuten
ca. 400 kcal

400 g Kartoffeln
400 g Wirsing
2 große Möhren
1 große Zwiebel
2 EL kaltgepresstes Olivenöl
$^1/_2$ l vegetarische Gemüsebrühe
1 TL Kümmel
2 EL süße Sahne (30 % Fett)
2 EL gehackte Petersilie
2 EL Schnittlauchröllchen
etwas Kräutersalz
1 TL geriebene Muskatnuss
1 TL Cayennepfeffer

1. Die Kartoffeln schälen und in Würfel schneiden.
2. Den Wirsingkopf gründlich putzen und waschen, den Strunk herausschneiden und anschließend in Streifen schneiden.
3. Die Möhren schälen und in dünne Scheiben schneiden. Die Zwiebel schälen und würfeln.
4. Das Öl in einem Topf erhitzen und die Zwiebelwürfel darin glasig dünsten. Kartoffeln, Möhren und Wirsing einige Minuten mitdünsten.
5. Die Brühe dazugießen, den Kümmel hinzufügen, alles um-

rühren und die Suppe aufkochen lassen. Sie dann zugedeckt etwa 20 Minuten köcheln lassen.

6. Die Sahne zusammen mit den Kräutern dazugeben und die Suppe mit Kräutersalz, Muskat sowie Cayennepfeffer abschmecken.

Knusprige Kartoffelpuffer

Kohlenhydratgericht

Für 2 Portionen
Zubereitungszeit: ca. 45 Minuten
ca. 670 kcal

1 kg neue Kartoffeln (vorwiegend fest kochend)
1 Zwiebel und 1–2 Knoblauchzehen
2 Eigelb
1 TL Meersalz
2 EL Weizenvollkornmehl
150 ml kaltgepresstes Sonnenblumenöl

1. Die Kartoffeln waschen und mit einem Sparschäler schälen. Die Zwiebel und die Knoblauchzehen ebenfalls schälen. Alles auf einer Küchenreibe oder in einer Küchenmaschine mittelfein reiben.

2. Das sich absetzende Kartoffelwasser abschütten. Die Kartoffelraspel sofort mit den Eigelben, dem Salz und dem Weizenvollkornmehl verrühren.

3. In einer großen beschichteten Pfanne reichlich Sonnenblumenöl erhitzen. Dann mit einer kleinen Schöpfkelle etwa drei Teigportionen hineinsetzen. Diese etwas flach drücken.

4. Die Puffer so lange braten, bis sie am Rand schön knusprig sind. Sie dann umdrehen und von der zweiten Seite ebenso braun braten.

5. Anschließend die Puffer direkt aus der Pfanne nehmen, zwischen 2 Lagen Küchenkrepp legen und so das überschüssige Fett entfernen. Die restlichen Kartoffelpuffer auf die gleiche Weise zubereiten.

Überbackene Kartoffelpfanne

Kohlenhydratgericht

Für 2 Portionen
Zubereitungszeit: ca. 30 Minuten
ca. 380 kcal

6 gekochte Pellkartoffeln vom Vortag
200 g Champignons
2 Frühlingszwiebeln
1 Zucchini
120 g Rahmgouda (60% Fett i. Tr.)
$^1/_2$ TL vegetarische Gemüsebrühe (Instantpulver)
2 Knoblauchzehen
3 EL gehacktes Basilikum
etwas Meersalz
Cayennepfeffer

1. Den Backofen auf 200 °C vorheizen. Die Kartoffeln pellen und in Scheiben schneiden. Champignons, Frühlingszwiebeln und Zucchini waschen, putzen und ebenfalls in Scheiben schneiden.
2. Den Käse reiben und mit 18 Esslöffeln Wasser sowie der Gemüsebrühe verrühren. Den Knoblauch schälen und zerdrücken.
3. Das Gemüse, bis auf die Kartoffelscheiben mit Basilikum, Knoblauch, Salz und Pfeffer mischen und in eine flache, feuerfeste Form geben.
4. Die Kartoffelscheiben auf dem Gemüse verteilen, die Käsesauce darüber gießen und alles im Ofen etwa 20 Minuten überbacken.

Zucchini-Tomaten-Gratin

Eiweißgericht

Für 2 Portionen
Zubereitungszeit: ca. 45 Minuten
ca. 450 kcal

6 kleine Zucchini
etwas Meersalz
8 Tomaten
4 Eier
$^1/_8$ l Mineralwasser
4 EL süße Sahne
2 TL vegetarische Gemüsebrühe (Instantpulver)
2 Knoblauchzehen
80 g geriebener Parmesankäse
etwas Petersilie zum Garnieren

1. Die Zucchini waschen, die Stielansätze entfernen und in wenig leicht gesalzenem Wasser 8 bis 10 Minuten dünsten. Dann in nicht zu dünne Scheiben schneiden.
2. Die Tomaten über Kreuz einritzen, für etwa 15 Sekunden in kochendes Wasser tauchen, abschrecken und enthäuten. Ebenfalls in Scheiben schneiden. Abwechselnd die Zucchini- und die Tomatenscheiben schuppenartig in eine Auflaufform legen.
3. Den Backofen auf 175 °C vorheizen. Die Eier mit dem Mineralwasser sowie der Sahne verquirlen und mit der Gemüsebrühe würzen. Die Knoblauchzehe durch die Presse dazudrücken und die Eiermischung auf den Auflauf gießen.

4. Das Ganze mit dem Parmesankäse bestreuen und 25 bis 30 Minuten im Ofen überbacken. Mit der Petersilie garniert servieren.

Kartoffel-Kürbis-Gratin

Kohlenhydratgericht

Für 2 Portionen
Zubereitungszeit: ca. 1¹/₄ Stunde
ca. 720 kcal

500 g Kartoffeln (mehlig kochend)
500 g Feigenkürbis
200 g süße Sahne (30 % Fett)
etwas Kräuterwürze (aus dem Reformhaus)
150 g Butterkäse (60% Fett i. Tr.)

1. Die Kartoffeln und den Kürbis mit dem Gurkenhobel in feine Scheiben hobeln. Beides mischen und in eine gefettete Auflaufform geben.
2. Die Sahne mit 250 ml Wasser verrühren und nach Geschmack mit der Kräuterwürze würzen, dann über die Kartoffel-Kürbis-Mischung gießen.
3. Den Käse in Streifen schneiden und die Kartoffel-Kürbis-Mischung damit belegen.
4. Das Gratin mit Alufolie abdecken und im vorgeheizten Backofen bei 200 °C etwa 60 Minuten backen. 10 Minuten vor Ende der Backzeit die Alufolie entfernen.

Lauchauflauf

Eiweißgericht

Für 2 Portionen
Zubereitungszeit: ca. 1 Stunde
ca. 520 kcal

4 große Stangen Lauch
1 TL vegetarische Gemüsebrühe (Instantpulver)
2 Zwiebeln
2 TL ungehärtetes Pflanzenfett
200 g Rinderhackfleisch
4 Tomaten
1 EL Paprikapulver, edelsüß
2 Msp. Korianderpulver
1 Knoblauchzehe
je 1 TL Rosmarin und Thymian
4 EL süße Sahne
60 g geriebener Gouda (45% Fett i.Tr.)

1. Den Lauch putzen und in feine Ringe schneiden. In einen Topf geben, knapp mit Wasser bedecken, die Gemüsebrühe hinzufügen und den Lauch bei mittelstarker Hitzezufuhr in etwa 20 Minuten garen.

2. Inzwischen die Zwiebeln schälen, würfeln und in dem Fett glasig dünsten. Das Hackfleisch zerpflücken, dazugeben und mit anbraten.

3. Die Tomaten mit kochendem Wasser überbrühen, enthäuten und die Stielansätze entfernen.

4. Das Tomatenfruchtfleisch würfeln und zum Hackfleisch hinzufügen. Das Paprikapulver hineinrühren, etwa $1/8$ l

Wasser dazugießen und alles etwa 10 Minuten köcheln lassen.

5. Den Backofen auf 180 °C vorheizen. Den Koriander in die Hackfleischsauce rühren, die Knoblauchzehe durch eine Presse dazudrücken und alles mit Rosmarin und Thymian würzen. Zuletzt die Sahne darunter rühren.

6. Nun den Lauch abgießen und in eine Auflaufform geben. Die Hackfleischsauce darüber verteilen und den Käse darauf streuen. Den Auflauf etwa $1/4$ Stunde garen.

Elsässer Bohnengratin

Kohlenhydratgericht

Für 2 Portionen
Zubereitungszeit: ca. 45 Minuten
Quellzeit: über Nacht
ca. 600 kcal

120 g Vollkornreis
700 g grüne Bohnen
1 große Zwiebel
250 g Champignons
1 $^1/_2$ EL kaltgepresstes Sonnenblumenöl
$^1/_4$ l vegetarische Gemüsebrühe (Instantpulver)
100 g Rahmgouda oder Wörishofener (60% Fett i. Tr.)

1. Den Reis in einen Topf geben, mit Wasser bedecken und über Nacht quellen lassen.
2. Dann den Reis im geschlossenen Topf etwa 25 Minuten bei milder Hitze garen. Anschließend abgießen.
3. In der Zwischenzeit die Bohnen waschen, putzen, wenn nötig abfädeln und in 3 cm lange Stücke schneiden. Die Zwiebel schälen und grob hacken. Die Pilze putzen und in Scheiben schneiden. Das Öl in einer Pfanne erhitzen und Zwiebel sowie Pilze darin anbraten. Die Bohnen hinzufügen, die Brühe angießen und alles etwa 10 Minuten zugedeckt dünsten. Den Backofen auf 160 °C vorheizen.
4. Den gegarten Reis unter das Gemüse mischen und in eine Auflaufform füllen. Den Käse raspeln und gleichmäßig darauf verteilen. Das Bohnengrün im Ofen in 12 bis 15 Minuten goldgelb überbacken.

Auberginenlasagne

Eiweißgericht

Für 2 Portionen
Zubereitungszeit: ca. 1^1/$_4$ Stunde
ca. 840 kcal

8 reife Tomaten
1^1/$_2$ EL kaltgepresstes Olivenöl
300 g Rinder- oder Lammhackfleisch
100 g süße Sahne (30 % Fett)
2 Zweige Basilikum
1 Knoblauchzehe
1 TL Kräutersalz
1 Msp. Cayennepfeffer
1 Aubergine (ca. 350 g)
125 g geriebener Käse

1. Die Tomaten über Kreuz einritzen und die Stielansätze herausschneiden. Sie für etwa 10 Sekunden in kochendes Wasser geben, abschrecken und enthäuten. Das Fruchtfleisch im Mixer pürieren.
2. Das Öl in einer Pfanne erhitzen. Das Hackfleisch darin krümelig anbraten. Sobald es von allen Seiten kräftig gebräunt ist, das Tomatenmus dazugeben und mit der Sahne verfeinern. Alles auf einmal aufkochen und dann vom Herd nehmen.
3. Den Ofen auf 200 °C vorheizen.
4. Das Basilikum waschen, trockentupfen, die Blätter abzupfen und fein hacken. Den Knoblauch schälen und durch eine Presse drücken. Beides zur Tomaten-Hackfleisch-Sauce

geben und mit Kräutersalz sowie Cayennepfeffer kräftig würzen.

5. Die Aubergine waschen, putzen und der Länge nach in etwa 1 cm dicke Scheiben schneiden. Den Boden einer Auflaufform mit einer Schicht Auberginenscheiben auslegen. Einen Teil der Tomaten-Hackfleisch-Mischung sowie den Käse darauf verteilen.

6. Das Ganze wiederholen, bis alle Zutaten verbraucht sind. Die letzte Schicht sollte aus Käse bestehen. Die Lasagne etwa 40 Minuten im Ofen garen.

TIPP

Dazu passt ein Rucolasalat mit einer Vinaigrette aus Olivenöl und Zitronensaft.

Gefüllte Zucchini aus dem Ofen

Eiweißgericht

Für 2 Portionen
Zubereitungszeit: ca. 45 Minuten
ca. 490 kcal

1 TL Meersalz
2 Zucchini
1 große Zwiebel
2 EL kaltgepresstes Olivenöl
250 g Lammhackfleisch
2 EL gehackte Petersilie
2 EL gehackter Kerbel
2 EL geriebener Parmesan
2 Eigelb
1 TL Kräutersalz
etwas Butter für die Form
2 Tomaten
2 EL süße Sahne
2 Spritzer Tabasco

1. In einem Topf eine kleine Menge Salzwasser zum Kochen bringen.
2. Die Zucchini waschen, vom Stielansatz befreien und der Länge nach halbieren. Sie mit der Schnittfläche nach unten im Salzwasser etwa 5 Minuten bissfest dünsten.
3. Inzwischen die Zwiebel schälen und fein hacken. Das Öl in einer Pfanne erhitzen und Zwiebelwürfel sowie Hackfleisch darin unter Rühren krümelig braun anbraten.
4. Den Backofen auf 200 °C vorheizen. Die Zucchinihälften

aus dem Wasser nehmen und mit einem Teelöffel bis auf einen $^1/_2$ cm breiten Rand sorgfältig aushöhlen.

5. Das Fruchtfleisch klein schneiden und zusammen mit Petersilie, Kerbel, Parmesan, Eigelb und Kräutersalz mischen.

6. Eine flache Auflaufform (etwa 25 cm lang) dünn mit Butter ausfetten. Die Zucchinihälften nebeneinander hineinlegen. Die Hälften mit Hackfleischmischung füllen. Falls noch Füllung übrig ist, diese neben den Zucchinihälften verteilen.

7. Die Tomaten über Kreuz einritzen, für etwa 15 Sekunden in kochendes Wasser tauchen, abschrecken und enthäuten. Sie dann halbieren, entkernen und vom Stielansatz befreien. Das Fruchtfleisch in Würfel schneiden und diese auf der Füllung verteilen. Die Sahne mit dem Tabasco mischen und auf den Tomaten verteilen. Alles im Ofen auf der mittleren Schiene etwa 20 Minuten backen.

Pikant gefüllte Pfannkuchen

Kohlenhydratgericht

Für 2 Portionen
Zubereitungszeit: ca. 45 Minuten
ca. 950 kcal

100 g süße Sahne (30 % Fett)
$^1/_2$ TL Meersalz
2 Eigelb
150 g Dinkelvollkornmehl
1 TL Weinsteinbackpulver
500 g Spinat
1 mittelgroße Zwiebel
150 g Champignons
1 TL Butter
2 EL Sonnenblumenkerne
1–2 TL vegetarische Gemüsebrühe (Instantpulver)
1 Knoblauchzehe
2 EL saure Sahne
1 Msp. Muskatnuss
6 EL kaltgepresstes Sonnenblumenöl

1. Für den Teig die Sahne zusammen mit 360 ml Wasser, Salz und Eigelben in einer Schüssel verquirlen.
2. Das Vollkornmehl mit dem Backpulver mischen und nach und nach hinzufügen. Alles zu einem glatten Teig verrühren und ihn etwa 15 Minuten quellen lassen.
3. In der Zwischenzeit für die Füllung den Spinat waschen, putzen und in kochendem Wasser kurz blanchieren.
4. Die Zwiebel schälen und in kleine Würfel schneiden. Die

Pilze kurz waschen, putzen und in feine Scheiben schneiden.

5. Die Butter in einer Pfanne schmelzen lassen und die Zwiebeln darin glasig dünsten. Champignons und Sonnenblumenkerne hinzufügen und alles bei geringer Hitze unter Rühren etwa 10 Minuten dünsten.

6. Den Spinat grob hacken und zur Zwiebel-Pilz-Mischung geben. Diese mit der vegetarischen Brühe würzen und die geschälte Knoblauchzehe dazupressen.

7. Die Mischung mit der sauren Sahne verfeinern und mit Muskat abschmecken.

8. Das Öl in einer beschichteten Pfanne nicht zu stark erhitzen und aus dem Teig nacheinander 4 bis 6 Pfannkuchen backen.

9. Dann jeweils etwas Gemüse auf einem Pfannkuchen verteilen und ihn aufrollen. Die Pfannkuchen zusammen mit dem restlichen Gemüse servieren.

Zwiebelkuchen

Kohlenhydratgericht

Für 4 Portionen
Zubereitungszeit: ca. 1 Stunde
Backzeit: ca. 35 Minuten
ca. 480 kcal

25 g frische Hefe
200 g feines Dinkel- oder Weizenvollkornmehl
$^1/_2$ TL Meersalz
1 TL kaltgepresstes Sonnenblumenöl
1 kg Gemüsezwiebeln
1 EL ungehärtetes Pflanzenfett
100 g süße Sahne (30 % Fett)
2 Eigelb
80 g Rahmgouda (60% Fett i. Tr.)
$^1/_2$ TL geriebene Muskatnuss
1 Msp. Cayennepfeffer
1 TL Kräutersalz
1 TL Kümmel
1 TL Koriander
etwas Butter für die Springform

1. Die Hefe in 130 ml warmem Wasser auflösen und mit der Hälfte des Vollkornmehls zu einem Vorteig verrühren. Ihn etwa 20 Minuten zugedeckt an einem warmen Ort gehen lassen.
2. Anschließend das restliche Mehl, das Meersalz und das Öl hinzufügen und alles zu einem geschmeidigen Teig verkneten. Ihn zugedeckt an einem warmen Ort so lange ge-

hen lassen, bis sich sein Volumen verdoppelt hat (dies dauert in der Regel etwa 20 Minuten).

3. In der Zwischenzeit die Zwiebeln in feine Ringe schneiden. Das Fett in einer Pfanne erhitzen und die Zwiebelringe darin glasig dünsten.

4. Die Sahne mit 50 ml Wasser mischen und mit den Eigelben verquirlen.

5. Den Käse in kleine Würfel schneiden und zu der Sahne-Ei-Mischung geben. Mit Muskat, Cayennepfeffer, Kräutersalz, Kümmel und Koriander würzen.

6. Die Sahnesauce zu den Zwiebeln gießen und alles gut verrühren.

7. Den Backofen auf 180 °C vorheizen. Den Teig nochmals kurz durchkneten, eine mit Butter gefettete Springform (26 cm Ø) damit auslegen und den Teig am Rand etwas hochdrücken.

8. Die Zwiebelmischung gleichmäßig auf dem Teigboden verteilen, die Springform in den Ofen stellen und den Zwiebelkuchen in etwa 35 Minuten backen.

TIPPS

Essen Sie dazu einen kleinen, neutralen Salat.

Zwiebelkuchen ist warm oder kalt eine köstliche Zwischenmahlzeit. Das Rezept ergibt dann 8 Portionen.

Ratatouille mit Schafskäse

Eiweißgericht

Für 2 Portionen
Zubereitungszeit: ca. 40 Minuten
ca. 410 kcal

1 große Zwiebel
2 TL Butter
2 Auberginen
4 Tomaten
2 gelbe Paprikaschoten
1 große Zucchini
1 TL Oregano
1 TL Kräuter der Provence
2 Msp. Cayennepfeffer
1 TL Rosmarin
1 TL Liebstöckel
2 Knoblauchzehen
2 TL vegetarische Gemüsebrühe (Instantpulver)
4 EL süße Sahne (30 % Fett)
120 g Schafskäse, in Lake eingelegt

1. Die Zwiebel schälen, in feine Ringe schneiden und in der Butter glasig dünsten.
2. Die Auberginen waschen, vom Stielansatz befreien, klein würfeln und zu den Zwiebelringen geben.
3. Die Tomaten über Kreuz einritzen, für etwa 15 Sekunden in kochendes Wasser tauchen, abschrecken, enthäuten, von den Stielansätzen befreien und in kleine Stückchen schneiden. Die Tomatenstückchen ebenfalls mitdünsten.

4. Die Paprikaschote und die Zucchini waschen. Die Schote halbieren, entkernen und in Streifen schneiden. Die Zucchini vom Stielansatz befreien und in Würfel schneiden.

5. Beides zu der Ratatouille geben und mit 200 ml Wasser auffüllen. Das Ganze mit den Gewürzen abschmecken.

6. Den Knoblauch schälen und durch die Presse zum Gemüse dazudrücken. Alles miteinander verrühren und mit der Gemüsebrühe würzen. 10 bis 15 Minuten zugedeckt bei schwacher Hitze garen und zuletzt mit der süßen Sahne verfeinern.

7. Zum Schluss den Schafskäse zerbröseln, auf die Ratatouille geben und zugedeckt 5 Minuten erwärmen, bis der Käse geschmolzen ist.

TIPP

Statt des Käses können Sie 100 g Rinderhackfleisch mitgaren.

Mangoldröllchen mit Kräutersauce

Kohlenhydratgericht

Für 2 Portionen
Zubereitungszeit: ca. 45 Minuten
ca. 460 kcal

200 ml vegetarische Gemüsebrühe (aus Instantpulver)
80 g grobes Weizenschrot
1 große Zwiebel
1 große Möhre
2 Knoblauchzehen
60 g Butterkäse (mind. 60% Fett i. Tr.)
2 EL kaltgepresstes Olivenöl
2 EL feine Haferflocken
abgeriebene Schale von 1 unbehandelten Zitrone
6 große Mangoldblätter
8 EL süße Sahne (30% Fett)
4 TL feines Vollkornmehl
3 EL gehackte Petersilie
3 EL fein geschnittener Dill
3 EL Schnittlauchröllchen
etwas Kräutersalz

1. Die Brühe aufkochen und das Weizenschrot hineinstreu-
   en. Das Schrot auf der abgeschalteten Herdplatte zugedeckt etwa 15 Minuten ausquellen lassen. Zwischendurch
   umrühren und eventuell noch 1 bis 2 Esslöffel Schrot hinzufügen.
2. Inzwischen die Zwiebel schälen und fein würfeln. Die
   Möhren putzen, schälen und grob raspeln. Den Knoblauch

schälen und durch die Presse drücken. Den Käse in kleine Würfel schneiden.

3. Das Öl in einer Pfanne erhitzen. Zwiebel, Knoblauch und Möhrenraspel darin ungefähr 3 Minuten dünsten. Diese Mischung sowie die Haferflocken, die Zitronenschale und den Käse zum gequollenen Weizenschrot geben und alles gut mischen.

4. Die Mangoldblätter putzen, waschen und der Länge nach halbieren. Die weißen Strünke entfernen. Etwa 300 ml Wasser zum Kochen bringen.

5. Jeweils 1 Esslöffel der Getreidemischung auf ein halbiertes Mangoldblatt geben. Die Blattseiten nach innen schlagen und das Mangoldblatt wie eine Roulade zusammenrollen, sodass die Füllung vollständig umschlossen ist. Die Röllchen mit Küchengarn zusammenbinden und im Wasser etwa 5 Minuten dünsten.

6. Die Mangoldröllchen aus dem Wasser nehmen und warm stellen. Die Sahne in das Kochwasser einrühren. Das Mehl mit etwas Wasser verrühren, unter Rühren in die Sauce geben und aufkochen lassen. Petersilie, Dill und Schnittlauch hinzufügen und die Sauce mit Kräutersalz abschmecken. Die Mangoldröllchen vor dem Servieren noch einige Minuten in der Sauce ziehen lassen.

Deftiges Bohnengulasch

Eiweißgericht

Für 2 Portionen
Zubereitungszeit: ca. 1^{1}/$_{2}$ Stunden
ca. 520 kcal

300 magerer Rinderbraten
2 Zwiebeln
2 EL ungehärtetes Pflanzenfett (aus dem Reformhaus)
^{1}/$_{4}$ l Rotwein
500 g grüne Bohnen
6 Tomaten
2 Knoblauchzehen
2 TL vegetarische Gemüsebrühe (Instantpulver)
1 TL Kräutersalz
1 TL getrockneter Oregano
1 TL getrockneter Rosmarin
2 Msp. Cayennepfeffer
4 EL saure Sahne

1. Das Fleisch in kleine Würfel schneiden. Die Zwiebeln schälen und in Ringe schneiden.
2. Das Fett in einem kleinen Bräter erhitzen und die Fleischwürfel darin rundherum anbraten. Die Zwiebelringe dazugeben und ebenfalls anbraten. Den Rotwein angießen und das Fleisch zugedeckt bei schwacher Hitze etwa 15 Minuten schmoren lassen.
3. Inzwischen die Bohnen waschen, putzen, wenn nötig abfädeln, und in etwa 3 cm lange Stücke schneiden.
4. Die Tomaten kreuzweise einritzen, für etwa 15 Sekunden

in kochendes Wasser tauchen, enthäuten, von den Stielansätzen befreien und in kleine Würfel schneiden. Die Knoblauchzehen schälen.

5. Dann unter Rühren die Bohnen und die Tomatenstücke zum Fleisch geben. Die Knoblauchzehen in die Sauce geben. Alles mit Brühe, Kräutersalz, Oregano, Rosmarin und Cayennepfeffer abschmecken.

6. Das Gulasch zugedeckt etwa 1 Stunde leicht köcheln lassen. Bei Bedarf noch etwas Wasser hinzufügen.

7. Zwischendurch ab und an umrühren. Vor dem Servieren die Knoblauchzehen entfernen und das Gulasch mit der Sahne verfeinern.

Paprikapfanne mit Knoblauchwurst

Eiweißgericht

Für 2 Portionen
Zubereitungszeit: ca. 35 Minuten
ca. 1060 kcal

2 mittelgroße Zwiebeln
2 Knoblauchzehen
je 2 grüne und rote Paprikaschoten
4 EL kaltgepresstes Sonnenblumenöl
600 g Tomaten
2 TL Meersalz
4 TL Paprikapulver
2 TL getrockneter Oregano
2 EL gehackte Petersilie
100 ml vegetarische Gemüsebrühe
200 g Knoblauchwurst (vom Rind)
200 g TK-Erbsen
120 g geriebener Käse (60% Fett i. Tr.)

1. Die Zwiebeln würfeln, die Knoblauchzehen zerdrücken, die Paprikaschoten halbieren, putzen, waschen und in Würfel schneiden.

2. Die Zwiebeln und den Knoblauch in heißem Öl glasig dünsten. Die Paprikawürfel dazugeben und weitere 6 Minuten dünsten.

3. Die Tomaten kurz überbrühen, häuten, würfeln und zur Paprikamischung geben. Das Ganze mit Salz, Paprikapulver, Oregano und Petersilie würzen. Die Gemüsebrühe angießen und alles etwa 5 Minuten garen.

4. Die Knoblauchwurst in Scheiben schneiden und zusammen mit den Erbsen unter das Gemüse mischen. Alles in eine gefettete Auflaufform füllen. Mit dem Käse bestreuen. Bei 200 °C etwa 20 Minuten backen.

TIPP

Der Käse kann je nach Vorliebe gewählt werden: zum Beispiel Butterkäse oder Edamer. Als Beilage schmeckt ein knackiger Eisbergsalat.

Getreidebratlinge mit Schnittlauchdip

Kohlenhydratgericht

Für 2 Portionen
Zubereitungszeit: ca. 45 Minuten
ca. 620 kcal

180 ml vegetarische Gemüsebrühe (aus Instantpulver)
70 g süße Sahne (30 % Fett)
120 g Grünkernschrot
1 Zwiebel
1 Knoblauchzehe
1 EL Butter
1 Eigelb
etwas Kräutersalz
50 g Quark (20% Fett)
2 EL Semmelbrösel
$1^1/_2$ EL ungehärtetes Kokosfett
100 g saure Sahne
100 g Joghurt (3,5 % Fett)
80 g Brokkoliröschen
etwas Kräutersalz
1 kleines Bund Schnittlauch

1. Die Gemüsebrühe mit der Sahne verrühren und zum Kochen bringen. Das Grünkernschrot hinzufügen und unter Rühren so lange kochen, bis ein dicker Brei entstanden ist. Dann vom Herd nehmen und ausquellen lassen.
2. Die Zwiebel und den Knoblauch schälen und fein hacken. Die Butter in einer Pfanne zerlassen und die Zwiebel- und Knoblauchwürfel darin glasig dünsten.

3. Den Getreidebrei zusammen mit Zwiebel und Knoblauch in eine Schüssel geben, mit Eigelb, Kräutersalz und Quark verrühren. Alles gut durchkneten und für einige Minuten ziehen lassen.

4. Inzwischen für den Dip die saure Sahne mit dem Joghurt cremig rühren. Den Brokkoli putzen, waschen, trocken-tupfen, klein schneiden und zusammen mit dem Salz zur Sauce geben. Alles mit dem Schneidestab fein pürieren. Den Schnittlauch waschen, trockenschütteln, in kleine Röllchen schneiden und unter den Dip heben.

5. Aus dem Teig mit angefeuchteten Händen 4 Bratlinge for-men, sie in den Semmelbröseln wenden und in dem hei-ßen Fett so lange braten, bis sie knusprig sind. Anschlie-ßend auf Küchenkrepp abtropfen lassen. Die Bratlinge zu-sammen mit dem Schnittlauchdip servieren.

TIPP

Essen Sie dazu einen Teller gemischte Rohkost, z. B. Chico-rée, Staudensellerie, Möhren und Gurken.

Gefüllte Zwiebeln

Eiweißgericht

Für 2 Portionen
Zubereitungszeit: ca. 1 Stunde
Garzeit im Ofen: ca. 15 Minuten
ca. 330 kcal

4 Gemüsezwiebeln
300 g Champignons
2 EL Butter
2 TL vegetarische Gemüsebrühe (Instantpulver)
1 TL Korianderpulver
1–2 TL Currypulver
1–2 Knoblauchzehen
100 g Gouda (45% Fett i. Tr.)
4 EL saure Sahne
1 Zweig Petersilie

1. Die Zwiebeln schälen und im Ganzen in wenig Wasser etwa 10 Minuten dünsten. Das Kochwasser aufheben, die
   Zwiebeln etwas abkühlen lassen, einen Deckel abschneiden und jede Zwiebel aushöhlen.
2. Die Champignons in feine Blätter schneiden. Die inneren
   Teile der Zwiebeln und die Deckel fein hacken und in der
   Butter zusammen mit den Champignons anbraten.
3. Das Ganze mit Gemüsebrühe, Koriander und Curry mild
   abschmecken. Nach Belieben den Knoblauch durch eine
   Presse dazudrücken.
4. Den Backofen auf 160 °C vorheizen. Den Käse in kleine
   Würfel schneiden, zusammen mit der sauren Sahne zum

Gemüse geben und die Zwiebeln damit füllen. Übrige Füllung beiseite stellen.

5. Die gefüllten Zwiebeln in eine Auflaufform setzen, etwas Zwiebelkochwasser angießen und die übrige Füllung in die Form geben.

6. Die Auflaufform in den Ofen stellen und die Zwiebeln in etwa 15 Minuten backen. Sie dann mit Petersilie garnieren.

DESSERTS UND GEBÄCK

Sahnecreme auf Heidelbeermark

Kohlenhydratgericht

Für 2 Portionen
Zubereitungszeit: ca. 20 Minuten
Kühlzeit: ca. 3 Stunden
ca. 530 kcal

3 Blatt weiße Gelatine
$^1/_2$ Vanilleschote
250 g süße Sahne (30 % Fett)
1 EL flüssiger Honig
150 g Heidelbeeren
2 EL Ahornsirup
1 EL Obstbrand
einige Blättchen Zitronenmelisse
1 frische Feige zum Garnieren

1. Die Gelatine in kaltem Wasser ca. 10 Minuten einweichen.
2. Die Vanilleschote aufschlitzen und das Mark mit einem spitzen Messer auskratzen. Die Sahne mit dem Vanillemark und der Schote aufkochen. Dann die Schote herausnehmen und entfernen. Die Sahne mit dem Honig süßen.
3. Die Gelatine gut ausdrücken und in der heißen Sahne auflösen.
4. Dann 2 kleine Förmchen oder Schalen mit kaltem Wasser ausspülen. Die Sahnecreme hineinfüllen und im Kühlschrank in etwa 3 Stunden erstarren lassen.

5. Die Heidelbeeren waschen, pürieren, durch ein Sieb streichen und mit dem Ahornsirup süßen.

6. Das Heidelbeermark mit dem Obstbrand verrühren und als Spiegel auf 2 Teller geben. Die Förmchen kurz in heißes Wasser tauchen und die Creme mit einem spitzen Messer vorsichtig vom Rand lösen.

7. Die Creme auf die Fruchtspiegel stürzen. Mit den gewaschenen Zitronenmelisseblättchen und den geschälten, in Scheiben geschnittenen Feigen garnieren.

Vanillereis mit Ingwerpflaumen

Kohlenhydratgericht

Für 2 Portionen
Zubereitungszeit: ca. 40 Minuten
Quellzeit: ca. 6 Stunden
ca. 480 kcal

10 ungeschwefelte Trockenpflaumen (entsteint)
120 g Vollkorn-Rundkorn-Reis
$^1/_2$ Vanilleschote
2 Kapseln Sternanis
2 EL Honig
1 Msp. Ingwerpulver
2 Zweige Pfefferminze
50 g Sahnequark

1. Die Pflaumen grob zerkleinern, in eine kleine Schüssel geben und mit 100 ml Wasser begießen. Sie zugedeckt im Kühlschrank etwa 6 Stunden quellen lassen.
2. Danach den Reis zusammen mit 350 ml Wasser in einen Topf geben. Die Vanilleschote der Länge nach halbieren und das Mark mit einem spitzen Messer aus der Mitte herauskratzen. Dieses zu dem Reis hinzufügen.
3. Sternanis und Honig ebenfalls in den Topf geben. Alles einmal aufkochen, danach bei schwacher Hitze etwa 40 Minuten köcheln lassen und dabei einige Male umrühren.
4. Die Pflaumen in ein Sieb geben und abtropfen lassen. Die Quellflüssigkeit dabei auffangen. 3 Esslöffel davon mit den Früchten in eine hohe Schüssel geben und mit dem Schneidstab pürieren.

5. Die Pfefferminze waschen, trockentupfen und die Blätter abzupfen. Den Quark unter den fertig gegarten Reis rühren.
6. Das Ganze in 2 tiefen Tellern anrichten und mit der Pflaumensauce und der Minze garnieren.

Ananasdessert

Eiweißgericht

Für 2 Portionen
Zubereitungszeit: ca. 10 Minuten
ca. 210 kcal

4 EL Kokosraspel
4 Scheiben frische Ananas, ohne Schale
4 EL geschlagene süße Sahne (30% Fett)

1. Die Kokosraspel in einer beschichteten Pfanne ohne Fett-zugabe leicht rösten.
2. Die Ananasscheiben in den Kokosraspeln wenden und auf 2 Teller legen. Die Schlagsahne dazugeben.

Melonencocktail

Eiweißgericht

Für 2 Portionen
Marinierzeit: ca. 2 Stunden
Zubereitungszeit (ohne Kühlzeit): ca. 25 Minuten
ca. 100 kcal

1 EL ungeschwefelte Rosinen
2 EL Doppelkorn
$^1/_2$ reife Netzmelone
1 kleine Orange
125 g geputzte Früchte der Saison (Erdbeeren, Himbeeren,
   Nektarinen)
Saft von $^1/_2$ Zitrone
$^1/_2$ EL Frutilose
1 Zweig Minze

1. Die Rosinen mit Doppelkorn beträufeln und etwa 2 Stunden durchziehen lassen.
2. Die Melone halbieren und die Kerne entfernen. Mit einem Kugelausstecher aus dem Fruchtfleisch kleine Kugeln herauslösen.
3. Die Orange filetieren. Die verbleibenden Fruchtreste mit der Hand auspressen und den Saft auffangen.
4. Die Orangenfilets mit den Melonenkugeln mischen. Die Früchte der Saison nach Bedarf zerkleinern und dazugeben.
5. Den Zitronensaft mit dem aufgefangenen Orangensaft mischen und mit der Frutilose süßen. Die eingelegten Rosinen hinzufügen und den Obstsaft mit den vorbereiteten Früchten mischen.

6. Den Cocktail in die Melonenhälfte füllen, mit den Minzeblättchen dekorieren und vor dem Servieren einige Zeit
   kalt stellen.

Beerengrütze

Eiweißgericht

Für 2 Portionen
Zubereitungszeit (ohne Kühlzeit): ca. 20 Minuten
ca. 220 kcal

400 g frische, geputzte Beeren der Saison oder Tiefkühl-
   ware
4 EL Frutilose
2 EL Zitronensaft
10 Messlöffel pflanzliches Bindemittel (aus dem Reformhaus)
4 EL geschlagene süße Sahne (30% Fett)

1. Tiefgekühlte Beeren auftauen lassen. Die Früchte mit 300 ml
   Wasser mischen, dann alles in ein Sieb geben und das ge-
   färbte Wasser auffangen. Das Wasser mit der Frutilose süßen und den Zitronensaft dazugeben. Alles aufkochen lassen.
2. Die Früchte hinzufügen, das Bindemittel hinein rühren
   und alles kurz aufwallen lassen, sodass es bindet. Die Grütze abkühlen lassen und mit Sahnetupfen garnieren.

Orangenküsse

Eiweißgericht

Für 2 Portionen
Zubereitungszeit: ca. 30 Minuten
Kühlzeit: ca. 3^1/$_2$ Stunden
ca. 250 kcal

4 EL fester heller Honig
90 g Magerquark
1 TL abgeriebene Schale einer unbehandelten Orange
1^1/$_2$ Blätter weiße Gelatine
100 g süße Sahne (30 % Fett)
^{1}/$_2$ EL Butterschmalz
1 Msp. Zimtpulver

1. Zuerst 3 Esslöffel Honig im heißen Wasserbad verflüssigen, dann unter den Quark rühren und die Orangenschale untermengen.
2. Die Gelatine in Wasser einweichen. Die Gelatine ausdrücken, erhitzen, auflösen und unter die Quarkmasse mischen. Die Masse kühl stellen, bis sie anfängt, halbfest zu werden. Dann die Sahne steif schlagen und darunter heben.
3. Dann 2 Tassen oder Schälchen mit glatter Wölbung kalt ausspülen und die Creme einfüllen. Im Kühlschrank in etwa 2^1/$_2$ Stunden fest werden lassen.
4. Für den Guss den restlichen Honig mit Butterschmalz und Zimt im Wasserbad auflösen. Alles gut verrühren, dann abkühlen lassen. Die Orangenmasse auf Teller stürzen und den Zimtguss mit Hilfe einer kleinen Spritztüte über die Kuppeln spritzen. Im Kühlschrank erstarren lassen.

Sahneeis mit Heidelbeeren

Kohlenhydratgericht

Für 2 Portionen
Zubereitungszeit: ca. $^1/_2$ Stunde
Gefrierzeit: 2–3 Stunden
ca. 500 kcal

125 g süße Sahne (30 % Fett)
3 EL Akazienhonig
2 Eigelb
50 g ungeschwefelte Rosinen
200 g frische oder TK-Heidelbeeren

1. Die Sahne mit $^1/_8$ l Wasser und dem Honig gut verrühren.
2. Die Eigelbe in einer Schüssel cremig rühren, die Sahnemischung dazugeben und alles kräftig verschlagen.
3. Die Schüssel in ein warmes Wasserbad hängen und die Mischung bei mäßiger Hitzezufuhr mit dem Schneebesen so lange schlagen, bis eine dickliche Masse entsteht. Dann die Rosinen hinzufügen.
4. Die Mischung abkühlen lassen oder im kalten Wasserbad so lange schlagen, bis sie kalt ist. Die Schüssel abdecken und sie für 2 bis 3 Stunden ins Gefrierfach stellen. Das Eis zwischendurch immer wieder umrühren.
5. Tiefgekühlte Heidelbeeren auftauen lassen und die Beeren zusammen mit dem Sahneeis servieren.

Erdbeereis

Eiweißgericht

Für 2 Portionen
Zubereitungszeit: ca. 10 Minuten
ca. 370 kcal

350 g TK-Erdbeeren
3 EL Honig
80 g Joghurt (3,5 % Fett)
70 g geschlagene Sahne
2 Sahnetupfer
2 TL gehackte Mandeln

1. Die Erdbeeren leicht antauen lassen und zusammen mit dem Honig und dem Joghurt im Mixer pürieren. Anschließend die geschlagene Sahne unterziehen.
2. Das Erdbeereis auf 2 Eisbecher verteilen, mit den Sahnetupfern garnieren und mit den gehackten Mandeln bestreuen. Sofort servieren.

Himbeersorbet

Eiweißgericht

Für 2 Portionen
Zubereitungszeit: ca. 20 Minuten
Gefrierzeit: 2–3 Stunden
ca. 150 kcal

200 g frische oder TK-Himbeeren
175 g Sahnedickmilch
3 EL Frutilose
1 EL Zitronensaft
einige Himbeeren zum Garnieren

1. Die Himbeeren mit dem Schneidstab pürieren (gefrorene vorher antauen lassen). Das Püree nach Belieben durch ein Sieb streichen und so die Kernchen entfernen.
2. Die Sahnedickmilch mit der Frutilose und dem Zitronensaft verrühren und alles mit dem Himbeerpüree mischen.
3. Die Masse in eine gut verschließbare Schüssel füllen und sie für 2 bis 3 Stunden ins Gefrierfach stellen. Das Sorbet zwischendurch immer wieder umrühren. Es dann in Dessertgläser geben und mit Himbeeren garnieren.

Bananeneis mit gerösteten Mandeln

Kohlenhydratgericht

Für 2 Portionen
Zubereitungszeit: ca. 10 Minuten
Gefrierzeit: ca. 3 Stunden
ca. 320 kcal

2 vollreife Bananen
3 EL gehobelte Mandelblättchen
100 g Sahnedickmilch, gut gekühlt
2 EL Ahornsirup

1. Die Bananen schälen und im Gefrierfach für etwa 3 Stunden frosten.
2. Inzwischen die Mandelblättchen in einer beschichteten Pfanne ohne Fett hellbraun rösten.
3. Die gefrorenen Bananen in Stücke schneiden und zusammen mit der Sahnedickmilch und dem Ahornsirup im Mixer pürieren.
4. Das Bananeneis auf 2 Eisbecher verteilen, mit den gerösteten Mandeln bestreuen und sofort servieren.

TIPP
Statt der Sahnedickmilch können Sie auch 50 g saure Sahne verwenden, die Sie mit 50 g Vollmilchjoghurt verrühren.

Coppa Banane

Kohlenhydratgericht

Für 2 Portionen
Zubereitungszeit: ca. 15 Minuten
Gefrierzeit: 2–3 Stunden
ca. 400 kcal

2 reife Bananen
100 g süße Sahne (30 % Fett)
2 EL Frutilose
1 Vanilleschote
2 EL geschlagene süße Sahne (30 % Fett)
2 TL gehackte Mandeln

1. Die Bananen schälen, das Fruchtfleisch etwas zerkleinern und in ein hohes Gefäß geben.
2. Die Sahne, 150 ml Wasser und die Frutilose dazugeben.
3. Die Vanilleschote aufschlitzen, das Mark herauskratzen und ebenfalls hinzufügen. Nun alles mit dem Schneidstab pürieren.
4. Das Bananenpüree in eine Schüssel füllen, diese verschließen und für 2 bis 3 Stunden ins Gefrierfach stellen. Das Püree zwischendurch immer wieder sorgfältig umrühren.
5. Das Eis in Dessertgläser geben, je einen Sahnetupfer darauf setzen und gehackte Mandeln darüber streuen.

Apfelkompott

Kohlenhydratgericht

Für 2 Portionen
Zubereitungszeit: ca. 30 Minuten
ca. 210 kcal

4–5 mürbe Äpfel (z. B. gut abgelagerte Elstar oder Red De-
  licious)
$1/2$ TL gemahlener Zimt
2 EL Honig oder Apfeldicksaft

1. Die Äpfel vierteln, schälen und dann das Kerngehäuse entfernen.
2. Die Apfelstücke in einen Topf geben, 100 ml Wasser, den
   Zimt und den Honig hinzufügen und alles zugedeckt etwa
   10 Minuten köcheln lassen.
3. Die Apfelstücke mit dem Schneebesen oder dem elektri-
   schen Schneidstab pürieren.
4. Das Kompott vor dem Servieren erkalten lassen.

TIPP
Zum Apfelkompott passt mit Zimt abgeschmeckte Schlagsahne. Sie können auch ein paar Rosinen in das Kompott
geben.

Früchtetraum

Eiweißgericht

Für 2 Portionen
Zubereitungszeit: ca. 15 Minuten
Kühlzeit: ca. 1 Stunde
ca. 650 kcal

250 g Beeren der Saison (z. B. Brombeeren, Heidelbeeren,
   Himbeeren)
2 TL flüssiger Honig
2 EL Himbeergeist
200 g Joghurt (3,5% Fett)
100 g Mascarpone (italienischer Frischkäse)
100 g süße Sahne (30 % Fett)
2 EL gehackte Pistazien

1. Die Beeren verlesen, waschen, mit einer Gabel grob zerdrücken und mit dem Honig leicht süßen. Nach Belieben
   mit dem Himbeergeist beträufeln.
2. Den Joghurt mit dem Mascarpone cremig rühren. Die Sahne steif schlagen und vorsichtig unterheben.
3. Die Früchte und die Mascarponecreme schichtweise in
   2 Dessertgläser füllen und etwa 1 Stunde kalt stellen.
4. Vor dem Servieren mit den gehackten Pistazien verzieren.

TIPP
Den Himbeergeist können Sie durch Wodka ersetzen. Der
Früchtetraum schmeckt aber auch ohne Alkohol sehr lecker.

Bratapfel mit Nüssen und Zimtquark

Kohlenhydratgericht

Für 2 Portionen
Zubereitungszeit: ca. 1 Stunde
ca. 450 kcal

2 süße, mürbe Äpfel
1 Vollkornzwieback
1 EL ungeschwefelte Rosinen
1 EL gehackte Mandeln
1 EL gehackte Haselnüsse
1 EL flüssiger Honig
200 g Quark (20% Fett i. Tr.)
4 EL Buttermilch
3 EL Frutilose
1 TL Zimtpulver

1. Die Äpfel waschen und trockenreiben. Die Kerngehäuse mit einem Apfelausstecher entfernen. Den Ofen auf 200 °C vorheizen.
2. Den Zwieback in eine Schüssel reiben und mit Rosinen, Mandeln und Nüssen mischen. Das Ganze in die beiden Äpfel füllen und leicht andrücken.
3. Dann 2 quadratische Stücke Alufolie zurechtschneiden und die Äpfel darauf setzen. In die obere Öffnung jedes Apfels je $^{1}/_{2}$ Esslöffel Honig geben.
4. Die Alufolie vorsichtig schließen und die Päckchen in einer feuerfesten Form auf der mittleren Schiene in den Backofen schieben.
5. Die Äpfel ungefähr 30 Minuten im Ofen backen. In der

Zwischenzeit den Quark in einer Schüssel mit der Buttermilch verrühren. Die Creme mit Frutilose und Zimt abschmecken und zusammen mit den fertig gegarten Äpfeln auf 2 Tellern anrichten.

Apfelkuchen vom Blech

Kohlenhydratgericht

Für 20 Stücke
Zubereitungszeit: ca. 1 Stunde
Backzeit: ca. 40 Minuten
ca. 300 kcal

250 g zerlassene Butter
200 g Honig
250 g Quark (20% Fett i. Tr.)
1 EL abgeriebene Schale einer unbehandelten Zitrone
1 Eigelb
1 Prise Meersalz
1 Päckchen Weinsteinbackpulver
350 g feines Dinkel- oder Weizenvollkornmehl
Butter für das Blech
7 mürbe Äpfel (800 g küchenfertig)
100 g ungeschwefelte Rosinen
$1^1/_2$ TL Zimt
200 g süße Sahne (30 % Fett)
100 g Mandelblättchen

1. Etwa 150 g Butter schmelzen lassen. Die flüssige Butter zusammen mit 100 g Honig und dem Quark zu einer glatten Creme verrühren.
2. Die Zitronenschale, das Eigelb und das Meersalz hinzufügen und alles gut mischen.
3. Das Backpulver mit dem Vollkornmehl mischen, alles nach und nach unter die Quarkmasse rühren, sodass ein geschmeidiger Rührteig entsteht.

4. Den Teig auf ein gefettetes Backblech streichen und etwa 15 Minuten ruhen lassen.

5. Inzwischen den Belag vorbereiten. Dafür die Äpfel schälen, die Kerngehäuse entfernen und das Fruchtfleisch in schmale Spalten schneiden.

6. Die Apfelspalten sich leicht überlappend auf dem Teig verteilen und die Rosinen darüber streuen.

7. Den Backofen auf 160 °C vorheizen. Für den Guss die restliche Butter erwärmen. Den restlichen Honig, den Zimt und die Sahne hinzufügen und alles mit dem Schneebesen zu einer schaumigen Creme aufschlagen.

8. Den Guss über die Äpfel verteilen und die Mandelblättchen darüber streuen. Das Blech in den Backofen schieben und den Kuchen in etwa 40 Minuten backen.

Rosettenkuchen

Kohlenhydratgericht

Für 12 Stücke
Zubereitungszeit: ca. 1¹/₂ Stunden
ca. 420 kcal

500 g feines Dinkel- oder Weizenvollkornmehl
1 Päckchen Weinsteinbackpulver
175 g kalte Butter
1 Prise Meersalz
1 frisches Eigelb
1 EL abgeriebene Schale einer unbehandelten Zitrone
250 g Quark (20% Fett i. Tr.)
125 g flüssiger Honig
225 g ungeschwefelte Rosinen
3 mürbe, süße Äpfel
100 g gehackte Mandeln
2 TL Zimtpulver
50 g süße Sahne (30 % Fett)
3 EL Kokosraspeln
etwas Butter für die Form

1. Mehl und Backpulver mischen und alles auf eine Arbeitsfläche geben. In die Mitte eine Vertiefung drücken und
   125 g der Butter als Flöckchen hinein geben.
2. Salz und Eigelb sowie die Zitronenschale hinzufügen und
   alles mit etwa einem Drittel des Mehls zu einem geschmeidigen Vorteig verarbeiten. Den Backofen auf 175 °C vorheizen.
3. Nun den Quark und 125 g Honig hinzufügen und alles gut

miteinander verkneten. Den Teig zu einem Rechteck (etwa 35 x 45 cm) ausrollen.

4. Die Rosinen heiß abspülen und gut abtropfen lassen. Die Äpfel schälen, vierteln, entkernen und in schmale Spalten schneiden. Rosinen, Mandeln, Zimt und 50 g Honig mit den Spalten mischen.

5. Die Apfelfüllung auf dem Teig verteilen. Den Teig von der längeren Seite her fest zusammenrollen und die Rolle in 9 gleich große Scheiben schneiden. Diese nebeneinander in eine gefettete Springform (26 cm Ø) setzen.

6. Für den Guss 50 g Butter erwärmen, 50 g Honig und die Sahne hinzufügen und alles mit einem Schneebesen zu einer schaumigen Creme aufschlagen.

7. Den Guss gleichmäßig auf dem Kuchen verteilen und ihn auf der mittleren Schiene etwa 45 Minuten backen. Ihn anschließend abkühlen lassen, aus der Form nehmen und mit den Kokosraspeln bestreuen.

TIPP

Legen Sie die Springform mit Backpapier aus. Das spart Kalorien, da Sie auf das Ausfetten der Form verzichten können. Außerdem tropft keine Flüssigkeit heraus. Ihr Ofen bleibt also sauber.

Käsetorte ohne Boden

Eiweißgericht

Für 8 Stücke
Zubereitungszeit: ca. 1$^1/_4$ Stunden
Backzeit: 45–50 Minuten
ca. 100 kcal

250 g Magerquark
100 g Joghurt (3,5 % Fett)
9 EL Frutilose
Saft von $^1/_2$ Zitrone
3–4 Messlöffel Biobin (pflanzliches Bindemittel)
1 Eigelb
30 g Mandelblättchen
2 Eiweiße
1 TL Butter für die Form

1. Den Backofen auf 200 °C vorheizen. Den Quark mit Joghurt, Frutilose und Zitronensaft gut verrühren, dann das Biobin und das Eigelb gründlich unterrühren.
2. Eine Springform (18 cm Ø) mit Butter ausstreichen und den Boden mit Mandelblättchen bestreuen.
3. Die Eiweiße sehr steif schlagen und unter die Quarkmasse heben. Diese in die Springform füllen, glatt streichen und auf der mittleren Einschubleiste etwa 30 Minuten backen. Dann die Backofenhitze reduzieren und die Torte bei 180 °C nochmals 15 bis 20 Minuten backen. Die Torte in der Form erkalten lassen.

Quarktorte mit Kirschen

Eiweißgericht

Für 8 Stücke
Zubereitungszeit: ca. 1^1/$_4$ Stunden
Backzeit: ca. 1 Stunde
ca. 180 kcal

250 g Magerquark
150 g Schmand (ca. 24% Fett)
2 Eier
100 g Apfeldicksaft
4–5 Messlöffel Biobin (pflanzliches Bindemittel)
1 Spritzer Zitronensaft
50 g Walnüsse oder Mandeln
150 g entsteinte Süßkirschen
1 TL Butter für die Form

1. Den Backofen auf 200 °C vorheizen. Den Quark mit dem Schmand glatt rühren. Die Eier trennen. Eigelbe zusammen mit Apfeldicksaft, Biobin und Zitronensaft zur Quarkmasse geben und das Ganze gut verrühren.

2. Walnüsse oder Mandeln mit der Küchenmaschine mahlen. Eine Springform (18 cm Ø) mit Butter ausstreichen, den Boden mit gemahlenen Nüssen oder Mandeln bestreuen. Die steif geschlagenen Eiweiße unter die Quarkmasse heben.

3. Die Quarkmasse in die Springform füllen, die Kirschen darauf verteilen und leicht eindrücken. Die Torte auf der mittleren Einschubleiste etwa 1 Stunde backen. In der Form erkalten lassen, dann die Torte mit Hilfe eines glatten, spitzen Messers aus der Form lösen.

Beerentorte

Eiweißgericht

Für 8 Stücke
Zubereitungszeit: ca. 40 Minuten
Kühlzeit: ca. 20 Minuten
ca. 180 kcal

2 Eier
1 Prise Meersalz
3 EL flüssiger Honig
150 g gemahlene Mandeln
2 Messlöffel Biobin (pflanzliches Bindemittel)
400 g frische Beerenfrüchte (Erdbeeren, Himbeeren, Brom-
    beeren, Johannisbeeren)
1 Blatt weiße Gelatine
100 ml klarer Apfelsaft

1. Den Backofen auf 180 °C vorheizen. Springform (18 cm Ø)
    mit Backpapier auslegen. Eier trennen und Eiweiße zusam-
    men mit dem Salz steif schlagen, den Honig unterrühren,
    dann die Eigelbe nacheinander unterziehen. Die Mandeln
    mit Biobin vermischen und mit dem Schneebesen locker
    untermengen.
2. Den Teig in die Form füllen, glatt streichen und 20 Minu-
    ten backen. In der Form erkalten lassen. Aus der Form lö-
    sen, auf eine Platte setzen und mit dem Tortenring um-
    schließen.
3. Die Beeren putzen und waschen, große Erdbeeren halbie-
    ren oder vierteln. Den Boden dicht mit Beeren belegen.
    Die Gelatine nach Packungsanweisung einweichen und

den Apfelsaft erwärmen. Die Gelatine ausdrücken und im Apfelsaft auflösen. Die Masse über den Beeren verteilen und erstarren lassen. Nach dem Erstarren kann der Tortenring entfernt werden.

Adventsbrot

Kohlenhydratgericht

Für 20 Scheiben
Zubereitungszeit: ca. 2^1/$_2$ Stunden
Zeit zum Ruhen: über Nacht
Backzeit: ca. 1^1/$_2$ Stunden
ca. 180 kcal

500 g mürbe Äpfel oder saftige Möhren
160 g Zuckerrübensirup (Rübenkraut)
1 TL Zimtpulver
1 TL Carobe
^{1}/$_2$ TL Pimentpulver
^{1}/$_2$ TL Nelken
4 EL brauner Rum
100 g ganze Nüsse und 100 g geschälte, ganze Mandeln
200 g ungeschwefelte Rosinen
2 TL Weinsteinbackpulver
330 g Weizenvollkornmehl
Butter und Vollkornzwiebackbrösel für die Form

1. Die Äpfel oder Möhren schälen und mit einer Gemüsereibe grob raspeln. Sirup, Zimtpulver, Carobe, Piment, Nelken, Rum, Nüsse, Mandeln und Rosinen sorgfältig darunter mengen und die Masse zugedeckt über Nacht ruhen lassen.
2. Am nächsten Tag das Backpulver zusammen mit dem Mehl untermengen. Den Backofen auf 190 °C vorheizen.
3. Eine Kastenform (ca. 20 cm Länge) mit Butter ausstreichen und mit Bröseln ausstreuen. Den Teig einfüllen und etwa 1^1/$_2$ Stunden backen.

Streuselkuchen

Kohlenhydratgericht

Für 12 Stücke
Zubereitungszeit: ca. 45 Minuten
Zeit zum Gehen: ca. 40 Minuten
Backzeit: ca. 35 Minuten
ca. 240 kcal

25 g frische Hefe
450 g feines Dinkel- oder Weizenvollkornmehl
40 g zerlassene Butter
120 g Honig
1 Msp. Meersalz
Butter für die Form
2 EL geschlagene Sahne
100 g kalte Butter

1. Die Hefe in 130 ml warmem Wasser auflösen und zusammen mit 100 g Vollkornmehl zu einem glatten Vorteig verrühren. Diesen etwa 20 Minuten an einem warmen Ort zugedeckt gehen lassen.
2. Anschließend weitere 150 g Mehl, 2 Esslöffel der zerlassenen, lauwarmen Butter, 1 EL Honig und das Salz hinzufügen und alles zu einem geschmeidigen Teig verkneten.
3. Eine Springform (etwa 26 cm Durchmesser) ausfetten, den Teig gleichmäßig auf dem Boden verteilen und ihn abgedeckt nochmals so lange an einem warmen Ort gehen lassen, bis sich sein Volumen etwa verdoppelt hat.
4. Für die Streusel das restliche Mehl zusammen mit der Butter und dem Honig krümelig verkneten.

5. Den Hefeteig mit der restlichen flüssigen Butter bestreichen und die Streusel gleichmäßig darauf verteilen. Die Form auf die mittlere Schiene in den kalten Backofen stellen, die Temperatur auf 175 °C (Umluft: 155 °C, Gas Stufe 2) einstellen und den Kuchen nach Erreichen der Temperatur noch 25 Minuten backen. Dann kurze Zeit in der Form auskühlen lassen, aus der Form lösen und auf ein Kuchengitter setzen. Den abgekühlten Kuchen mit etwas geschlagener Sahne servieren.

TIPP

Dieser Kuchen ist die ideale Stärkung am Nachmittag und hilft, die Müdigkeit zu überwinden: Er enthält nur wenig Fett, dafür umso mehr komplexe Kohlenhydrate, die für viele Stunden Energie spenden.

Heidelbeer-Sahne-Torte

Kohlenhydratgericht

Für 12 Stücke
Zubereitungszeit: ca. 30 Minuten
Backzeit: 10–12 Minuten
Kühlzeit: ca. 2 Stunden
ca. 330 kcal

80 g weiche Butter
Meersalz
2 Eigelb
5 EL Honig
350 g süße Sahne (30 % Fett)
2 EL Mineralwasser
2 TL Weinsteinbackpulver
150 g feines Dinkelvollkornmehl
etwas Butter für die Form
300 g frische oder gefrostete Heidelbeeren
6 Blatt weiße Gelatine
400 g Quark (40 % Fett i. Tr.)
6 EL Ahornsirup
2 EL gehackte Pistazien

1. Den Backofen auf 175 °C (Umluft: 155 °C, Gas Stufe 2) vorheizen.
2. Die Butter mit dem Salz, den Eigelben und 3 Esslöffeln Honig schaumig aufschlagen. Etwa 3 Esslöffel Sahne und das Mineralwasser unterrühren. Das Backpulver mit dem Mehl vermischen, nach und nach zum Teig geben und alles gründlich miteinander verrühren.

3. Den Teig in eine ausgefettete Springform (etwa 26 cm Ø) geben und ihn dann auf der mittleren Schiene im vorgeheizten Backofen 10–12 Minuten backen. Anschließend den Teig vom Blech lösen, aber in der Form auskühlen lassen.

4. Für den Belag die Heidelbeeren verlesen und kurz waschen. Einige Heidelbeeren für die Garnitur beiseite legen. Die restlichen Beeren mit wenig Wasser und dem Honig aufkochen und sofort von der Kochstelle nehmen. Die Heidelbeeren mit dem Schaumlöffel aus dem Sud nehmen und abkühlen lassen.

5. Die Gelatine in kaltem Wasser etwa 10 Minuten quellen lassen. Inzwischen die restliche Sahne steif schlagen, einige Esslöffel davon beiseite stellen. Die restliche Sahne mit dem Quark und dem Ahornsirup verrühren. Die Gelatine aus dem Wasser nehmen, ausdrücken und in einem kleinen Kochtopf bei milder Hitze unter Rühren auflösen. Die flüssige Gelatine langsam unter die Sahne-Quark-Creme ziehen und die Hälfte der Creme auf dem ausgekühlten Teig verteilen.

TIPPS

Gefrostete Heidelbeeren sollten Sie nicht aufkochen, sondern nur mit etwas Ahornsirup süßen.

Der Farbstoff Myrtillin verleiht den Heidelbeeren ihre kräftige blau-rote Farbe und sorgt außerdem dafür, dass unsere Blutgefäße elastisch bleiben. Damit schützt er vor hohem Blutdruck und beugt den gefährlichen Herz-Kreislauf-Erkrankungen vor.

6. Die abgetropften Heidelbeeren gleichmäßig auf die Creme streichen. Den Kuchen mit Sahnetupfern, den gehackten Pistazien und den restlichen Heidelbeeren garnieren. Für etwa 2 Stunden kalt stellen.

Quarkstollen

Kohlenhydratgericht

Für 15 Stücke
Zubereitungszeit: ca. 30 Minuten
Backzeit: 50–60 Minuten
ca. 300 kcal

500 g feines Dinkelvollkornmehl
125 g kalte Butter
2 Päckchen Weinsteinbackpulver
1 Prise Meersalz
abgeriebene Schale von $^1/_2$ unbehandelten Zitrone
1 TL gemahlener Kardamom
$^1/_2$ TL gemahlene Muskatblüte
1 Eigelb
125 g Korinthen
125 g ungeschwefelte Rosinen
250 g Quark (20% Fett i. Tr.)
1 Vanilleschote
150 g Honig
125 g grob gehackte Mandeln
etwas zerlassene Butter zum Bestreichen
Butter für das Blech

1. Etwa ein Drittel des Mehls auf eine Arbeitsfläche geben, in die Mitte eine Vertiefung drücken und die in Stückchen geschnittene kalte Butter hineingeben.
2. Das Backpulver, eine Prise Meersalz, die Zitronenschale, den Kardamom, die Muskatblüte und das Eigelb hinzufügen und alles zu einem geschmeidigen Teig verkneten.

295

3. Den Backofen auf 160 °C vorheizen. Nun die Korinthen und die Rosinen waschen, trockentupfen und mit dem Quark mischen.

4. Die Vanilleschote aufschlitzen, das Mark herauskratzen und unter den Quark rühren. Die Quarkmischung zusammen mit dem Honig und den Mandeln zum Teig geben und alles gut miteinander verkneten. Dabei nach und nach das restliche Mehl dazugeben, sodass ein fester Teig entsteht.

5. Den Teig zu einem Stollen formen, ihn auf ein gefettetes Backblech legen und mit etwas Butter bestreichen. Das Blech in den Ofen schieben und den Stollen in 50 bis 60 Minuten backen. Ein mit Wasser gefülltes feuerfestes Gefäß gleich zu Beginn der Backzeit mit in den Ofen stellen.

Hofheimer Honigriegel

Kohlenhydratgericht

Für ca. 80 Stücke
Zubereitungszeit: ca. 1 Stunde
Backzeit: ca. 20 Minuten
ca. 100 kcal

250 g Butter
500 g flüssiger Honig
6 EL süße Sahne (30% Fett)
5 EL Rum
250 g gemahlene Mandeln
2 EL abgeriebene Schale einer unbehandelten Zitrone
4 TL Zimt
500 g feines Dinkelvollkornmehl
250 g Hirsemehl
2 EL Butter für das Blech

1. Die Butter mit geringer Hitzezufuhr zerlassen und anschließend mit dem Schneebesen schaumig schlagen.
2. Nach und nach den Honig, die Sahne, den Rum, die Mandeln, die abgeriebene Zitronenschale und den Zimt hinzufügen und alles sorgfältig miteinander verrühren.
3. Das Vollkornmehl mit dem Hirsemehl mischen und zusammen mit der Buttermischung zu einem glatten, geschmeidigen Teig verkneten.
4. Den Teig etwa 10 Minuten quellen lassen. Den Backofen auf 150 °C vorheizen.
5. In der Zwischenzeit ein Backblech mit der Butter ausfetten und den Teig etwa 1 cm dick darauf streichen.

6. Das Blech in den Ofen schieben und den Teig in etwa 20 Minuten backen.

7. Die Teigplatte noch heiß in Riegel ($1^1/_2$ cm breit und 3 bis 4 cm lang) schneiden, sie auskühlen lassen und in eine Plätzchendose legen. Erst nach 3 bis 4 Tagen entfalten die Honigriegel ihr volles Aroma.

Vollkornspekulatius

Kohlenhydratgericht

Für ca. 30 Stück
Zubereitungszeit: ca. 45 Minuten
Backzeit: ca. 10 Minuten
ca. 80 kcal

200 g feines Dinkelvollkornmehl
1 Msp. Meersalz
1 TL Kardamom
1 TL Zimt
1 TL Nelkenpulver
1 Eigelb
125 g kalte Butter
100 g gemahlene Mandeln
75 g Honig
1 EL Butter für das Blech

1. Das Dinkelmehl mit dem Meersalz und den Gewürzen mischen und auf eine Arbeitsfläche geben.
2. In die Mitte eine Vertiefung drücken und das Eigelb, die in Stückchen geschnittene Butter, die Mandeln und den Honig hineingeben. Alles rasch zu einem geschmeidigen Teig verkneten.

TIPP
Der Teig lässt sich besser ausrollen, wenn man zwischen den Teig und das Nudelholz Klarsichtfolie legt.

---

3. Den Teig auf einer bemehlten Fläche etwa $^1/_2$ cm dick ausrollen und daraus mit Ausstechförmchen Plätzchen ausste-
   chen. Den Backofen auf 175 °C vorheizen.
4. Die Plätzchen auf ein gefettetes Backblech legen und im
   Ofen in etwa 10 Minuten backen.

Haferflockentaler

Kohlenhydratgericht

Für 30 Stück
Zubereitungszeit: ca. 35 Minuten
Backzeit: ca. 10 Minuten
ca. 90 kcal

150 g kernige Haferflocken
100 g feines Dinkelvollkornmehl
1 TL Weinsteinbackpulver
125 g kalte Butter
125 g Honig
1 EL abgeriebene Schale einer unbehandelten Zitrone
50 g gemahlene Mandeln
50 g Sesamkörner
1 EL Butter für das Blech

1. Die Haferflocken, das Dinkelmehl und das Backpulver mischen und auf eine Arbeitsfläche geben.
2. In die Mitte eine Vertiefung drücken und die in Stücke geschnittene Butter, den Honig, die Zitronenschale, die Mandeln und den Sesam hineingeben. Alles rasch zu einem geschmeidigen Teig verkneten.
3. Den Backofen auf 160 °C vorheizen. Den Teig zu einer Rol-

> **TIPP**
> Sie können auch Haferkörner verwenden und diese mit einem Flocker zu Flocken quetschen.

le (ca. 4 cm Ø) formen und etwa 1 cm dicke Scheiben abschneiden.

4. Die Haferflockentaler mit gutem Abstand auf ein gefettetes
   Backblech legen, da sie beim Backen etwas auseinander
   laufen. Die Taler in etwa 10 Minuten backen.

Mandelgebäck

Kohlenhydratgericht

Für 30 Stück
Zubereitungszeit: ca. 45 Minuten
Kühlzeit: ca. 1 Stunde
Backzeit: ca. 10 Minuten
ca. 80 kcal

200 g feines Dinkelvollkornmehl
1 TL Weinsteinbackpulver
1 Vanilleschote
1 EL süße Sahne (30 % Fett)
80 g Butter
100 g gemahlene Mandeln
75 g Honig
1 EL Butter für das Blech
3 EL süße Sahne zum Bestreichen
ca. 30 Mandelhälften

1. Das Dinkelmehl mit dem Backpulver mischen und auf eine Arbeitsfläche geben. In die Mitte eine Vertiefung drücken.
2. Die Vanilleschote aufschlitzen und das Mark herauskratzen. Es zusammen mit 3 Esslöffeln Wasser, der Sahne, der Butter, den gemahlenen Mandeln und dem Honig in die Mehlmulde geben und alles zu einem geschmeidigen Teig verkneten.
3. Den Teig zu einer Rolle formen (ca. 4 cm Ø), sie in Folie wickeln und für etwa 1 Stunde kalt stellen.
4. Den Backofen auf 175 °C vorheizen. Die Rolle anschlie-

ßend in etwa 1 cm dicke Scheiben schneiden und sie auf ein gefettetes Backblech legen.

5. Die Plätzchen mit etwas süßer Sahne bestreichen und auf jedes eine halbe Mandel legen. Das Gebäck in 10 bis 12 Minuten backen.

Mandelecken

Kohlenhydratgericht

Für ca. 45 Stück
Zubereitungszeit: ca. 50 Minuten
Backzeit: ca. 40 Minuten
ca. 130 kcal

200 g kernige Haferflocken
200 g feines Dinkelvollkornmehl
1 Päckchen Weinsteinbackpulver
225 g kalte Butter
220 g flüssiger Honig
1 frisches Eigelb
100 g süße Sahne (30 % Fett)
200 g gehackte Mandeln

1. Die Haferflocken mit dem Mehl und dem Backpulver mischen. Den Ofen auf 180 °C vorheizen.
2. Etwa 125 g Butter in Stückchen schneiden. Zusammen mit 80 g Honig, Eigelb, 50 g Sahne sowie etwa 5 Esslöffel Wasser zum Mehl hinzufügen. Alles rasch zu einem geschmeidigen Teig verkneten. Diesen auf ein gefettetes Backblech streichen.
3. Für den Belag die restliche Butter schmelzen lassen. Die restliche Sahne sowie den restlichen Honig und die Mandeln hinzufügen. Alles unter Rühren kurz aufkochen lassen und die Masse sofort gleichmäßig auf dem Teig verteilen.
4. Das Ganze auf der mittleren Schiene ungefähr 15 Minuten backen, herausnehmen, abkühlen lassen und je nach Backblechgröße in 40 bis 48 kleine Dreiecke schneiden.

Partybrötchen

Kohlenhydratgericht

Für ca. 10 Stück
Zubereitungszeit: ca. 50 Minuten
Zeit zum Gehen: ca. 50 Minuten
ca. 80 kcal

200 g Weizenvollkornmehl
50 g Dinkelvollkornmehl
$^1/_2$ TL Meersalz und 10 g Hefe
Mohnsamen und grobes Meersalz zum Bestreuen

1. Die Mehlsorten mit dem Salz in einer Schüssel mischen, in die Mitte eine Vertiefung drücken und die Hefe hineinbröckeln. 150 ml Wasser dazugeben und die Hefe darin unter leichtem Rühren auflösen. Den Vorteig an einem warmen Ort 15 Minuten gehen lassen.

2. Nach und nach das Mehl unterarbeiten und den Teig mit den Händen gründlich durchkneten. Falls erforderlich, noch etwas Weizenvollkornmehl hinzufügen. Den Teig zu einer Kugel formen und 30 Minuten zugedeckt gehen lassen, dann wieder durchkneten und zu einer Rolle formen.

3. Die Teigrolle in 10 gleich große Stücke schneiden und diese zu Kugeln formen. Etwas flach drücken, über Kreuz einschneiden, mit Wasser bestreichen und mit Mohnsamen oder grobem Salz bestreuen. 20 Minuten gehen lassen.

4. Inzwischen den Backofen auf 250 °C vorheizen. Ein Backblech darin erhitzen. Die Brötchen auf das Blech setzen und im Ofen 10 Minuten backen. Dann mit Wasser bestreichen und bei 200 °C nochmals 10 Minuten backen.

Roggenbrötchen

Kohlenhydratgericht

Für ca. 16 Stück
Einweichzeit: über Nacht
Zubereitungszeit: ca. 1 Stunde
Zeit zum Gehen: ca. 1^1/$_2$ Stunden
ca. 120 kcal

75 g Weizenkörner
250 g feines Roggenvollkornmehl
250 g feines Weizenvollkornmehl
1 Würfel Hefe (ca. 40 g)
200 ml Buttermilch
1 TL Meersalz
100 g Magerquark
Mohn- oder Sesamsamen oder geschälte Sonnenblumen-
    kerne
Kümmel oder Meersalz

1. Die Weizenkörner über Nacht in Wasser einweichen. Die Mehlsorten in einer Schüssel mischen und die Hefe in die Mitte krümeln. Buttermilch, Salz, Quark und Weizenkörner dazugeben. Das Ganze gut verkneten und den Teig zur Kugel formen. An einem warmen Ort zugedeckt 40 Minuten gehen lassen.
2. Den Teig durchkneten und 10 Minuten gehen lassen.
3. Die Teigkugel in 16 gleich große Stücke mit jeweils etwa 55 g teilen, diese rund oder länglich formen und nochmals 40 Minuten gehen lassen.
4. Den Backofen auf 225 °C vorheizen, ein Blech darin erhit-

zen und eine mit Wasser gefüllte, feuerfeste Tasse hinein-
stellen.

5. Die Brötchen mit Wasser bestreichen und nach Belieben
mit Gewürzen oder mit Meersalz bestreuen. Die Brötchen
auf das heiße Blech legen, in den Ofen geben und knapp
20 Minuten backen.

Sachregister

Rezeptregister nach Gruppen

HAUPTGERICHTE

DESSERTS UND GEBÄCK

Alphabetisches Rezeptregister

IHR PERSÖNLICHER KONTAKT ZU URSULA SUMM

Liebe Leserinnen, liebe Leser,

täglich erreichen mich viele Briefe und Telefonate aus dem In- und Ausland mit vielen Fragen zur Gewichtsabnahme und mit der Bitte, bei der Zusammenstellung von Essensplänen behilflich zu sein. Auch werde ich immer wieder dazu aufgefordert, Seminare über Trennkost zu leiten.

Für Seminare fehlt mir leider die Zeit, doch ich freue mich, Ihnen mitteilen zu können, dass ich Ihnen meine Öffentlichkeitsarbeit in einem anderen, sehr interessanten Rahmen anbieten kann. Und zwar in Form eines 20-Stufen-Power-Programms. Bei Interesse erhalten Sie zweimal im Monat Post von mir. Insgesamt 20 Mal.

Folgendes Programm erwartet Sie:
- ▶ Ein komplett ausgearbeitetes Manifest zur Gewichtsabnahme mit vielen, vielen Rezepten.
- ▶ Einstiegswoche, Fortsetzungswoche, Powerplan.
- ▶ Persönliche Fragebögen zum Erkennen »warum bin ich dick?«.
- ▶ Motivation zur Gewichtsabnahme.
- ▶ Vorschläge für die schnelle Küche.
- ▶ Heißhunger auf süß, wie kann ich das bewältigen?
- ▶ Und, und, und …

Diese Ausarbeitungen sind sehr persönlich und haben einen Umfang von einem breiten Leitz-Ordner. Das 20-Stufen-Programm endet dann automatisch nach 10 Monaten. Während dieser Zeit lernen Sie Ihren Körper besser kennen und bauen jetzt Ihr Übergewicht logisch und gefühlvoll ab.

Nach Kursende stehe ich Ihnen gerne für weitere Aktivitäten zur Verfügung. Denn Sie können zusätzlich mit diesem 20-Stufen-Programm Ihr erworbenes Wissen auch beruflich nutzen. Nach Abschluss erhalten Sie von mir ein Zertifikat, welches Sie berechtigt, eigenständig unter der Bezeichnung »Trennkost-Beraterin« Kurse anzubieten.

Ich würde mich freuen, Sie begrüßen zu dürfen. Schreiben Sie mir und fordern Sie mein kostenloses Informationsmaterial an. Meine Adresse:

Summ Trennkost
Ursula Summ
Buzon N° 356
Calle Patricio Ferrandiz 40
ES-03700 Denia/Alicante
Spanien

Telefon: 0034 96 642 1120
Fax: 0034 96 578 4715
eMail: summ@trennkost.de
Internet: www.trennkost.de

Wohlfühlen & entspannen

Rudolf Theelen
Nicole Wetzler
**Traditionelle
Thai-Massage**
NUAD – für Gesundheit
und Entspannung

16787

Marco von Münchhausen
**Wo die Seele
auftankt**
Die besten Möglichkeiten,
Ihre Ressourcen zu aktivieren

16789

Sylvia Schneider
**Wonnestunden
aus 1001 Nacht**
Gesundheit und Wohlbefinden
aus dem Orient

16830

Jennifer Louden

Das Wohlfühlbuch
für Frauen

16820